대학 개혁은 어떻게 만들어지는가?

대학 개혁은 어떻게 만들어지는가

최성해 교육 에세이

알렙

변화의 시대, 대학의 길을 묻다

안녕하십니까? 동양대학교 총장 최성해입니다.

교육계에 종사해 온 지난 30여 년을 돌아보니 만감이 교차합니다. 그 30여 년 동안 너무도 많은 변화가 있었습니다. 그리고 그 변화는 지금도 진행되고 있습니다.

교육 개혁과 구조조정의 소용돌이 속에서 제가 그동안 살며 부대끼며 느껴 온 것들을 한번은 정리해 두고 싶은 생각이 들었습니다. 그래서 그동안 우리나라 대표적 고등교육 관련 저널과 주요 언론에 발표한 글들을 중심으로 엮어 이 책을 펴냅니다.

지난 세월 제 화두는 '변화'와 '개혁'이었습니다. 대학들로서는 감당하기 벅찬 변화들이 몰려왔고, 사회는 이에 따른 개혁을 요구했습니다. 이런 상황에서 저 자신도 갈팡질팡하였습니다.

도대체 "우리의 대학 교육은 어디로 가야 하나?"라는 질문을 저 자신에게 끊임없이 던졌습니다.

여러분은 혹시 세계적 베스트셀러인『누가 내 치즈를 옮겼을까?』라는 책을 읽어 보셨는지요? 다소 무식하고 행동적인 생쥐 두 마리와 생각만 복잡하고 행동성이 부족한 두 꼬마 인간의 이야기입니다.

이들은 처음에는 치즈가 풍부한 곳에서 살았습니다. 생쥐들은 치즈를 얻기 위해 간단하지만 비능률적인 행동으로 실패를 거듭했고, 꼬마 인간들은 과거의 경험을 살려 능력에만 의존합니다. 꼬마 인간들은 "치즈를 가진 자는 행복해. 우리는 그럴 자격이 있어"라며 행복해하지요.

그런데 치즈가 바닥나자 생쥐들은 운동화 끈을 질끈 매고 새로운 치즈를 향해 떠납니다. 생쥐들은 사태를 지나치게 분석하지 않고 주변 상황의 변화에 따라 자기들도 변하기로 결정한 것이지요.

그러나 꼬마 인간은 이를 받아들이지 않습니다. 계속하여 "누가 내 치즈를 옮겼을까?"라고 하다가 마침내 "왜 내게 이런 일이 일어날까?"라며 화를 내고 맙니다. 새로운 사태를 받아들일 준비가 되지 않았던 것이지요.

두 꼬마 인간 중 하나가 굶주림을 참지 못해 어느 곳이든 나가자고 하자 다른 하나가 "나는 이곳이 좋아. 편해. 다른 곳은 어떤지 모르잖아? 다른 곳은 위험해"라며 이를 거절합니다. 그러나 아무리 기다려 봤자 어느 곳에도 치즈는 없습니다. 그러자 한 꼬마가 "결국 인생도 변하고 계속 앞으로 가고 있는데 우리도 그렇게 할 수밖에 없다"고 결론을 내리고 그곳을 떠납니다. 그제야 그들은 "변하지 않으면 살아남을 수 없다"는 것을 깨닫게 됩니다.

이 깨달음이야말로 새로운 변화의 시작일 것입니다. 그러나 학교, 특히 대학은 변화의 흐름을 타기가 매우 어려운 곳입니다. 세상의 변화를 안다고 한들 대학은 안팎으로 많은 장애물이 있기 때문에, 이 변화를 실행하기란 때로는 생쥐가 고양이 목에 방울을 달듯 어렵습니다.

이제 꼬마들은 한 번도 가본 적 없는 미지의 세계를 향해 떠납니다. 너무 지쳐 있고 너무 힘이 들어서 움직이기도 어렵지만, 시간이 좀 흐르자 "두려움을 없애면 성공의 길이 열린다"는 것을 서서히 깨닫게 됩니다.

저는 이 대목에서 꼬마들은 왜 이렇게 기진맥진해진 뒤에야 새 치즈를 찾아 나선 것인지 고민해 보았습니다. 저 자신을 돌아보아야 한다는 생각도 들었지요. 왜 진작 치즈의 상태를 점검하지 않았을까요? 치즈 냄새를 자주 맡아 보면 치즈가 상해 가는 것을 알 수 있고, 새로운 방향으로 움직여 보는 것은 새로운 치즈를 찾는 데 도움이 된다는 것도 진작 알아야 했습니다.

차라리 두려움을 극복하고 움직이면 오히려 마음이 홀가분해진다는 것을 왜 몰랐을까요? 새로운 치즈를 마음속에 그리고 있으면 치즈가 더 가까워지는 것인데 왜 이것을 몰랐을까요? 사라져 버린 치즈에 대한 미련을 빨리 버릴수록 새 치즈를 빨리 찾을 수 있다는 사실을 말입니다.

대학이라는 곳도 마찬가지입니다. 내 전공에 집착하거나 남들이 내 전공을 알아주기를 바라서는 안 됩니다. 교수를 위하여 학생이 존재할 수는 없는 것입니다. 학생이 있는 곳으로 교수가 찾아가는 것이 대학, 특히 지방대학이 살아갈 수 있는 방법입니다. 우리가 그들의 필요에 맞춰 나가야 합니다. 그것이 이 시대의 새로운 치즈를 찾을 수 있는 유일한 방법입니다.

작은 변화를 일찍 알아차리면 큰 변화에 쉽게 적응할 수 있습니다. 빈 창고에서 기다리는 것보다 미로 속에서 찾아다니는 것이 오히려 안전할지도 모릅니다.

교육은 사흘이나 3년 만에 결판이 나는 것도 아니지만, 디지털 시대에는 백년대계도 아닙니다. 적절한 시간에 적절한 정책과 방향을 가지고 대응해야 합니다. 새로운 시도가 나타나면 과감히 여기에 몸을 담을 필요가 있습니다. 과거의 사고방식은 우리를 치즈가 있는 곳으로 인도할 수 없기 때문입니다.

『누가 내 치즈를 옮겼을까?』의 저자는 다음과 같이 말합니다. 변화의 시대에는 "첫째, 자신의 주변을 간단하고 융통성 있게 유지하며 신속하게 행동하라. 둘째, 사태를 지나치게 분석하지 말고 두려움으로 자신을 혼란시키지 말라. 셋째, 작은 변화에 주의를 기울여 큰 변화가 올 때 잘 대처할 수 있도록 준비하라." 이를 위해서는 무엇보다 변화는 항상 일어나고 있으니(그 변화는 치즈를 계속 옮겨 놓는다), 변화를 예상하면서(치즈가 상하고 있는지 자주 냄새를 맡아라), 변화에 신속히 적응(사라져 버린 치즈에 대한 미련은 빨리 버릴수록 새로운 치즈를 빨리 찾을 수 있다)해야 합니다.

그러나 무엇보다 자기 자신이 변해야 한다는 것이 중요했습니다. "피할 수 없으면 즐겨라"라는 말이 있습니다. 이처럼 모험 속에서 흘러나오는 향기와 새 치즈 맛을 즐기는 것만이 변화에 능동적으로 대처하는 길입니다. 하지만 세상에 말처럼 쉬운 것이 어디 있겠습니까? 또 경영자가 변화를 인식한다고 해서 구성원들이 쉽게 바뀌는 것도 아니기 때문에 끝없이 '산 넘어 산을 가야 하는 것이기도 합니다.

그동안 제가 제 길을 제대로 걸어 왔는지는 모르겠습니다. 그러나 설령 그 길들이 성공의 길이 아니었을지라도, 30여 년간 교육계에 몸담은 제 지난 삶이 타산지석이라도 될 것이라는 의미를 부여하고 싶군요.

이 글이 교육계에 종사하시는 여러분에게 조금이라도 도움이 되었으면 합니다. 그것으로 지난 제 30여 년의 삶은 의미가 있을 것입니다. 끝으로 어려운 출판 환경에도 불구하고 흔쾌히 출판을 허락해 주신 도서출판 알렙과, 지난 20여 년간 자료를 정리하고 감수해 준 동양대학교 비서실 직원들에게 감사드립니다. 또 긴 세월 동안 한 마디 불평도 없이 묵묵히 내조해 준 아내 정혜경에게도 감사드립니다.

2016년 9월 30일

최성해

목차

제1부

대학의 미래를
이야기하다

시장과 사회, 그리고 대학

좌우 모두에게 외면당했지만 탁월한 사상가였던 카를 폴라니 Karl Polany(1886~1964)는 자본주의가 가진 위험한 속성을 '시장market' 과 '사회society'라는 독특한 개념으로 분석했다. 즉 시장은 원래 '사회' 조직의 일부에 불과한 것이었지만 자본주의가 등장하면서 시장이 사회로부터 분리돼 나오더니 사회와 대립하며 결국 사회를 집어 삼켜서 사회를 시장의 일부로 편입시키고 말았다는 것이다.

2000년대 초 완성된 세계화에 따라 각국의 대학들은 '국가 경쟁력 강화'라는 시대적 소명을 떠맡게 되었고, 시장은 수월성excellence, 경쟁력 등을 질료로 대학에 대한 지배력을 강화하고 있다. 마치

대학이 시장의 어릿광대가 되기를 강요하는 듯하다. 그러나 대학은 분명 시장의 대변자가 아니라 사회의 대변자가 되어야 한다. 이것은 사회가 대학에 부여한 소명이기도 하다. 그런데 현실은 과연 어떠한가?

국가 경쟁력의 기반인 기술이 끊임없이 변하고 있는 상황에서, 시장에 적응할 수밖에 없는 것이 대학의 현실이다. 세계적인 기술 변화를 따라가기 위해 대학은 끊임없는 기술 선도자의 역할을 해야 한다. 특히 시장의 변화에 적응하려면 시장과 기술의 변화에 민첩하게 반응할 수 있는 사립대학이 나서야 한다고 이구동성으로 입을 모은다.

기술과 시장의 변화도 단기적, 중기적, 장기적으로 구별해야 한다. 새로운 기술이 등장하고 5년만 지나도 살아남기 어려운 현실에서, 단기적으로 적응해야 하는 부문도 있고 30년 이상을 내다보는 중장기적 부문도 있다. 미래의 기술 변화를 제대로 선도하려면 장기적인 투자가 필요하다. 교육백년대계敎育百年大計라는 말이 그저 나온 것은 아니다. 5년이 지나면 사라질 기술들을 넘어 그다음 세대까지 기술 창조적인 토대를 구축하려면 기초 학문의 육성이 절실하다. 이것은 사립대학의 몫이 아니다.

미래 대학의 비전을 위해서는 거창한 구상보다는 오히려 원론적이지만 대학들이 자기 특성에 맞게 주어진 여건들을 최대한 활용하여 적응하는 것이 중요하다. 단기적으로 기초 산업이나 중소기업 인력 공급을 위해 전문대학이 있고, 중기적으로 중소기업이나 대기업에 적합한 고등교육 인력을 양성하는 대다수의 4년제 사립대학이 있다. 그리고 장기적으로 어떤 변화에도 흔들리지 않고 미래의 기술 변화를 선도할 강력한 기초 학문과 인문학의 기지 구축을 위한 국립대학이 있어야 한다.

그런데 현실은 어떤가? 국립대학이 본연의 사명을 외면하고 곳곳에서 사립대학과 경쟁하고 있다. 정치권이 이를 더욱 부추긴다. 전문대학은 틈만 나면 4년제로의 전환을 정치권에 요구하고, 국립대학은 값싼 등록금을 무기로 오로지 사립대학을 제압하는 데만 몰두하는 듯하다. 문제가 이렇게 심각한데도 정치권은 오직 표밭에만 관심이 있는 듯하다. 여기에 바짝 엎드린 관료 집단, 시대적 화두가 된 국가 경쟁력은 외면하고 고함만 지르는 노조와 단기적인 기회만 엿보는 재벌들 사이에서 제대로 된 교육백년대계를 기대하는 것이 오히려 사치일 것이다. 국가 경쟁력이 어디 대학만의 문제인가? 이 상태라면 미래 대학의 모습은 없다. 그저 단기적인 처방만으로 움직이는 대학들의 이전투구泥田鬪狗만이 있을 뿐이다.

교육 기관으로서 각자의 역할에 충실해야 국가 경쟁력을 강화하고 미래 대학의 비전을 확고히 할 수 있는데, 이 같은 비정상적 행태들은 대학이 시장의 하수인이 되기를 재촉하고 있는 듯하다. 그 당연한 결과겠지만, 일본이 과학의 별인 노벨상을 스무 개 이상 받을 동안 우리는 하나도 받지 못했다. 일본보다 혹독한 구조 개혁으로 국제 경쟁력을 강화한다더니 오히려 기초 학문의 붕괴라는 결과를 초래했다. KAIST 졸업생 20퍼센트가 의대, 치대, 로스쿨로 가버리고, 남은 사람들도 유행하는 연구에만 몰두하고 있다고 한다.

나는 대학의 미래에 대한 거창한 논리나 미래학자 같은 청사진을 제시하고 싶지도 않고 그럴 만한 능력도 없다. 설령 누가 있어 그런 것을 제시한다 해도 내게는 허상일 뿐이다. 미래는 단지 현재의 결과일 뿐이기 때문이다. 우리가 각자 주어진 역할을 다하고, 정치권이 단기적인 인기에 영합하지 않고 각각의 특성에 맞는 고등교육을 지원하는 노력을 해야 미래 대학의 비전이 확고해질 것이다.

《대학 교육》(2016년 봄호)

지속 가능한 대학 발전을 위한 정책 및 제도 개혁

지속 가능한 대학의 의미

'지속 가능한 대학 발전'이라는 말은 유연성flexibility을 강조한 말인데 이 말처럼 비교육적인 말도 없을 것이다. 진시황을 모살謀殺하려고 역수易水를 떠나는 형가荊軻에게 '원수를 사랑하라'고 가르칠 수는 없는 노릇이다. '강한 자가 살아남는 게 아니라 살아남는 자가 강한 자'라는 것쯤은 모두가 아는 사실이다.

많은 이들이 '지속 가능한 대학 발전'에 대해 충분히 논의했기 때문에 나는 좀 다른 각도에서 살펴보고자 한다. 나는 주어진 환경을 무조건 긍정하기만 하는 '올렌카(안톤 체호프의 『귀여운 여인』에 나오는 주인공)'가 되고 싶지 않다.

대학이 의미가 없는 것인지, 교육이 의미가 없는 것인지 알기 어려운 것이 현실이다. 대학 구조 개혁은 이미 세계적인 추세이고, 승자독식의 세상에서 대부분의 대학이 생존하기 어려운 것도 현실이다. '대학의 이상理想'을 운운하는 것은 이제 너무 공허하다. 단지 생존하는 것이 지상목표라는 구차한 변명을 하기도 쉽지 않다. 반세기도 전에 루이 알튀세르Louis Althusser가 지적했듯이 대학이 이미 '이데올로기적 국가 장치'가 되어 버린 현실을 누가 부정할 것인가?

이런 상황을 바꿀 수 없다면 국가나 사회는 대학에 아예 도덕적·교육적 이데올로기를 강요해서는 안 되고, 차라리 빌 레딩스Bill Readings가 제기한 대로 대학이 그저 '자율적인 관료적 기업'이라는 점을 패러다임화하는 것이 더욱 솔직할 것이다. 그러나 그렇게 말하는 것은 스스로 시대의 '돈키호테'임을 광고하는 것에 지나지 않는다. '돈키호테'보다는 차라리 '올렌카'로 사는 것이 현명하다.

대학에 부는 변화의 바람

요한 고틀리프 피히테Johann Gottlieb Fichte가 나폴레옹의 침략

(1806)에 맞서 "조국과 민족을 구할 길은 오직 교육뿐이다"라며 국민 스스로 자아를 넘어 '국가적 자아'에 도달하도록 '국민교육'을 해야 한다고 주장한 이래, 알렉산더 폰 훔볼트^{Alexander von} Humboldt에 이르러 교육은 소수 특권 계급의 전유물에서 일반 시민도 누리는 권리가 되었다. 이때부터 시민을 대상으로 하는 국가 주도의 국민교육이 형성되어 이것이 '대학의 역사'를 이끌어 왔다. 독일의 대학은 200여 년 이상 '자유와 평등'이라는 기치를 내건 '훔볼트의 교육 이념'을 주축으로 견고하게 유지되어 왔다. 프랑스의 니콜라 드 콩도르세^{Nicolas de Condorcet}도 '공교육의 일반 조직에 관한 보고 및 법안'(1792)을 발의하여 "공교육은 국민에 대한 사회의 의무"임을 강조하였다. 이로써 무상 공교육을 원칙으로 하는 교육 제도의 원리가 구체화되었고, 이것이 1882년 프랑스 '무상 의무교육 제도'의 수립으로 꽃을 피웠다.

훔볼트에 의해 완성한 '근대 대학'은 국민국가의 기반 위에서 민족문화 이념을 생산·보호하고 주입하는 구실을 해왔다. 하지만 세계화의 확산에 따라 '국가 경쟁력의 강화'라는 시대적 소명이 모두 대학에 떠맡겨진 상황이 되자 자본-노동의 화폐적 관계가 대학 이념을 장악하게 되었다. 대학은 현재 자본, 경쟁, 효율성, 생산성 등의 가치를 받아들이면서 미국 대학 방식으로 전환되고 있어 유럽의 대학들도 구조 개혁의 몸살을 앓고 있다. 고등교육은 이제 소비재, 학생은 소비자로 변모하게 된 것이다. 국민교육이라는 거창한 이데올로기의 또 다른 변신 이다.

'대학의 역사'를 이끌어 온 독일의 대학들은 21세기 들어 낙후된 교육 환경과 강의 불만족, 높은 중도 포기율, 장기간의 수업 연한, 대학의 과밀화 등에 대한 비판들을 견뎌 내지 못했다. 설상가상 지속된 경기 불황으로 교육 예산이 삭감되고, 대학은 재원 부족으로 2006년 2학기부터 일부 주에서 처음 시작하여 현재 대부분의 주州에서 학기당 500유로의 등록금을 징수하고 있다. 이것은 사회국가Sozialstaat 하에서 무상교육으로 대표되던 독일 교육 체제가 붕괴되었음을 의미한다.

유럽의 국가들은 유럽연합 출범에 따른 고등교육 체제의 통합과 미국의 일방적인 세계 유학 시장 점령에 대항하기 위해 볼로냐 선언(1999)에 서명하였고, 이로써 기존의 유럽 고유의 학제를 포기하고 학사 3년, 석사 2년을 기본으로 하는 미국식 대학 체제로 열성적으로 변모하는 중이다.

이제 유럽의 대학들은 루이 알튀세르의 '이데올로기적 국가장치'도 아니며 빌 레딩스가 제기한 그저 '자율적인 관료적 기업'으로도 처신하지 못하는 어정쩡한 상태로 전락한 처지다.

중국은 1998년 리강칭李崗淸 부총리의 제안으로 소위 '985공정(10개 최우수 대학 집중 육성)'을 가동하여 세계 일류 대학 건설에 박차를 가했다. 다른 한편으로는 수백 개의 '독립학원 Independent College'이라는 새로운 유형의 대학이 등장하였다. '독립학원'은 특정 국립대학 소속의 단과대학이나 분교를 민간 기업 등과 합작으로 운영하는 것으로, 사실상 사립대학을 의미한다. 이미 중국 전체 대학의 25퍼센트가 사립대학이다. 중국의 유연성은 한국과 일본도 따라가기 힘들 정도이다. 중국이 과거 사회주의 국가였고 지금도 사회주의 국가라는 것이 의심스럽다. '有钱能使鬼推磨(돈만 있으면 귀신에게 맷돌질을 시킬 수도 있다)'라는 속담이 있는 중국답다.

질문, 대학인의 의무

이 변화의 시대에 도대체 대학의 역할과 의무는 무엇일까? 단지 '국가 경쟁력 제고'라는 거창한 구호 아래 함몰될 수밖에 없는 '대중 교육'을 계속 방치해야 하는가?

이데올로기나 패러다임이 실상은 언론이나 지배 이데올로기의 조작에 의해 비롯되는 것이 아닐까? 유명한 루트비히 비트겐슈타인Ludwig Wittgenstein의 '토끼와 오리 그림'을 보고서, 일부

대학 또는 지배 언론에서 '오리'라고 강요하면 '토끼'라고 보는 사람들이 설 자리가 없어지는 것이다. 우리는 그 그림을 '토끼'라고 볼 자유는 없는 것일까?

결국 '지속 가능한 대학 제도'란 원래의 대학과 교육의 이념을 포기해야만 얻을 수 있다. 하부구조가 빛의 속도로 바뀌는 현실을 견디라고 강요하면서 상부구조가 견고하길 바라는 것은 얼마나 무모한 짓인가? 차라리 대학의 본질을 상부구조부터 파괴해 보는 것은 어떨까? 대학의 본질이라고 강요하던 부분들이 '국가 경쟁력'이라는 말로 엉뚱하게 포장되는 모순과 아이러니를 보고 있다. 하지만 모두 침묵하고 있다. 이의를 제기하고 나서면 그는 이제 '돈키호테' 영감이 될 각오를 해야 한다.

누가 무슨 말을 하든, '지속 가능한 대학 제도'는 새로운 이데올로기가 될 것이다. 반세기도 더 전에 해럴드 애덤스 이니스 Harold Adams Innis는 문명의 흥망이 "미디어를 통해 재편된 지식의 독점monopoly of knowledge에 따른 결과"라고 했다. 그 지식적 '편향bias'이 변증법의 주체인 '인간'의 역할을 파괴하는 상황에서 우리가 할 일은 무엇인가? 나는 단지 그것이 두려울 뿐이다.

끝으로 나는 "우리는 대학이 폐허가 된 기관임을 인정해야 하며, 한편 낭만적 향수에 의지하지 않으면서 그 폐허에 거주

하는 것이 무엇을 의미하는지 '질문하기'를 멈추지 않는 것이 대학인의 책무이자 의무다"라는 레딩스의 말을 화두로 삼고 싶다.

《한국대학신문》(2015년10월 23일)

2014년 교육 한국, 부끄러운 자화상

어렵고 어려운 교육 정책

지난 3월 검찰의 고위 인사가 한시漢詩 한 수로 자신의 심경을 읊조렸다고 한다.

하늘 노릇하기가 어렵다고 해도 사월 하늘만 하랴

누에는 따뜻하기를 바라는데 보리는 춥기를 바라네

나그네는 맑기를 바라는데 농부는 비를 기다리고

뽕잎 따는 아낙네는 흐린 날씨를 바라네

做天難做四月天

蠶要溫和麥要寒

出門望晴農望雨

採桑娘子望陰天

　나라의 정책이 다 그럴 것이다. 특히 교육이 그렇다. 워낙 이
해관계가 복잡하게 얽혀 있기 때문이다. 단일 시장으로 치면 교
육만큼 큰 소비 시장이 어디 있겠는가? 유치원부터 대학에 이
르기까지 교육 소비자는 다른 어떤 소비자와도 비교하기 어려
울 정도로 층이 다양하고 많다. 현대 사회에서는 어느 누구도
교육 문제에서 벗어나 있을 수 없다. 아들이나 딸이 아니면 손
자나 손녀들이 관계가 있을 테니 말이다.

　'이해찬 세대'라는 말이 유행한 적이 있었다. 2002년도에 시
행된 새로운 대학 신입생 선발 제도 파행의 책임을 당시 교육부
장관이었던 이해찬에게 돌렸는데, '단군 이래 최저 학력'이라는
타이틀까지 붙여져 이때 입학한 대학생들을 '이해찬 세대'라 불
렀다. 당시 교육부는 수능과 본고사 중심에서 본고사를 폐지하
고 내신제 대신 선택전형자료(수능, 논술, 내신, 실기)를 중심으로
각 대학마다 입시 전형을 자율화했다.

　물론 당시의 교육 이데올로기가 아주 잘못되었다는 말은 아
니다. '단순 암기 위주의 획일적 교육에서 창의성을 배양하는

다양한 교육 정책으로', '공급자 중심에서 수요자 중심으로', "'규제" 위주에서 "자율과 참여"로'라는 원칙에 따라 진행된 교육 정책이었다.

그러나 다른 정책도 그렇듯이, 본래 취지와는 다르게 흘러가기 일쑤인 것이 교육 정책이다. 사교육비를 최대한 줄이려고 했으나 사교육비는 더욱 늘었고, 창의적인 교육이 목표였으나 창의력은 키워지지 않았다. 오히려 학력 저하만 초래하고 말았다. "서울대 신입생들이 미적분도 제대로 모른다"는 말이 나오는 초유의 사태가 벌어지기도 했다.

교실 붕괴에 관한 단상

지난 20년간, 우리 교육 정책이 빚어 낸 가장 큰 문제는 중·고등학교의 '교실 붕괴'이다. 가까운 교수님과 식사를 하다가 "아내가 교사직을 그만 두려고 해서 머리가 아프다"는 얘기를 듣고, "요즘 시대에 왜 그 좋은 직장을 관두려고 하느냐?"고 물으니, 내가 사정을 몰라도 너무 모른다는 것이다. 수업 중에 거울을 들고 화장을 하는 학생들을 나무라도 들은 척도 하지 않고, 수업 중 여기저기 돌아다니는 학생들이 있는가 하면, 잘못을 저질러 벌을 주려고 해도 학생들이 벌을 받으려 하지도 않는다는 것이다. 사춘기의 중학생이려니 하지만, 너무 힘들어서 중학교에서 고등학교로 옮겼는데도 정도 차이만 있지 대동소이하다고 한다. 고교 교사들과 가까운 몇몇 교수들에게 물으니 거의 비슷한 말이 돌아왔다. 물론 내가 살고 있는 곳은 작은 중소 도시라 아직까지 그 정도는 아니다.

그런데 이 학생들이 대학에 가면 사정이 달라진다. 교수들에게는 한없이 고분고분하다. 대학에서 교수의 수업을 방해한다거나 수업 시간에 함부로 행동하는 것은 있을 수 없는 일이다. 만약 그럴 경우에는 학점으로 처리된다. 특별히 체벌할 일도 없지만 무섭게 혼을 내지 않아도 학생들은 모두 양순해진다. 왜 그럴까? 그것은 교수에게는 학생 평가에 대한 강력한 권한이 있기 때문이다.

우리 중고등 교육의 큰 문제 가운데 하나는 교사들에게 권한authority은 없고 책임responsibility만 있다는 것이다. 경영학에서 말하는 조직화의 가장 중요한 명제 가운데 하나는 '책임과 권한 동등의 원칙responsibility-authority parity principle'이다. 책임을 주었으면 그에 합당한 권한이 있어야 하는데 우리 교사들에게는 오직 책임만이 있을 뿐이다. 만약 교사가 학업 태도를 성적에 반영한다거나 하면 교실의 붕괴는 막을 수 있을 것이다. 그러나 이것은 학부모들이 용납하려 하지 않을 것이다. 왜냐하면 이것이 다른 형태로 악용될 소지가 있다고 믿기 때문이다. 학부모와 학생들은 교사를 불신하고 사회 전체의 청렴도 또한 낮기 때문에 '이래도 탈, 저래도 탈'인 것이 한국의 교육 현실이다.

복지국가가 시대의 화두가 되어 이구동성으로 복지 투자를 늘려야 한다고 말한다. 교육도 예외가 아니라서 교육 복지 문제가 이슈가 되고 있다. 그러나 그리스와 스페인의 사례를 보면, 복지 지출 규모가 아니라 부패와 사회적 신뢰의 결여가 문제다. 그리스나 스페인에서 복지가 차지하는 비중은 북유럽 국가들 (덴마크·스웨덴·노르웨이 등)과 별로 차이가 없다. 그러나 덴마크나 스웨덴 등은 그리스나 스페인처럼 재정 파탄 논란이 없다. 국제투명성기구(TI)가 발표한 2012년「국가별 부패지수(CPI)」에서 북유럽 국가들은 가장 투명한 국가군에 들어 있고, 재정 위기를 겪고 있는 남유럽 국가들(포르투갈·이탈리아·그리스·스페인)은 유럽 최악의 부패 국가로 분류되어 있다. 그 가운데 그리스는 취업자의 40퍼센트가 공무원일 정도로 정부 조직이 비대한데, 이 많은 공무원이 오후 2시면 자리를 떠나 음성적으로 개인 사업을 하여 전체 GDP에서 지하경제가 차지하는 비중이 25퍼센트에 달한다. 한국은 스페인과 그리스의 중간에 속한다.

이런 상황에서는 어떤 정책도 시행하기가 쉽지 않을 것이다. 여기에 좌우 대립 또한 심각하다. 도무지 끝이 보이지 않는다. 국민이 선거로 뽑은 정권에 "태어나지 말아야 할 국가"라며 정통성을 부정하면서도 북한과 같은 세계인이 인정하는 최악의 인권 국가를 옹호하는 세력들이 문화계와 교육계에 깊이 잠식해 있다.

4월은 가장 잔인한 달

2014년 4월, 수학여행을 가던 어린 고교생들을 태운 배가 침몰하여 꽃망울을 피우지도 못한 생명들을 수없이 앗아갔다. 확실히 인재가 분명해 보인다. 승객을 팽개치고 자기들만 탈출한 선장과 선원들, 오로지 최소 비용으로 최대 수익만 바라보는 해운사의 무리한 과적 그리고 미숙한 운행 등 여러 가지 기술적인 문제가 원인으로 정리되고 있다.

선장과 선원들은 일찌감치 몸을 피하고 승객들은 대부분 희생된 전형적인 후진국형 재앙이었다. 이 엄청난 재난을 보면서 우리의 문제가 무엇인지를 생각해 보았다. 제대로 된 외국 선장 월급의 5분의 1도 안 되는 1년 계약직 선장이 70퍼센트 정도가 임시직인 선원들을 제대로 통솔할 수 있을지도 의심스러웠다. 여기에 사이비 종교의 어두운 그림자도 드리워져 있다. 사회적 신뢰가 결여된 우리 사회에서 '배와 생명을 함께하라'는 선원의 고귀한 금언과 신조는 이들에게는 애당초 무리로 보인다. 그 선장과 선원들은 승객을 구해야 할 황금 시간에 자기들만 탈출하는 어처구니없는 일을 저질러 버렸다. 세계적으로 유명한 언론이 이들을 '악마'라고 부르기도 했다.

이 같은 사회적 신뢰의 붕괴는 아마도 우리 사회의 노블레스 오블리주noblesse oblige의 결여에서 기인할 것이다. 이 땅에서 노블레스 오블리주는 실종된 지 오래다. '민주화'와 '경제 발전'을 동시에 달성한 자랑스러운 국가라는 세계의 찬사가 무색하게도 사회 지도층에게 책임의식을 기대하기는 힘들다. 상탁하부정上濁下不淨이라고 했다. 장관을 임명하려고 해도 최소한의 도덕적 기준에 맞는 사람을 구하기도 어려운 우리 사회에서, 민초들에게만 과중한 책임 의식을 요구하기는 어렵다.

배가 침몰하기 직전까지 학생들은 교사를, 교사와 학생들은 선장과 선원들을 믿고 침착하게 선실에 앉아 있었다. 그 모습이 무척 안타까웠지만 어쩌면 한국 사회의 미래에 대한 가능성을 이들을 통해서 보는 듯했다. 희생자들의 학교는 나름대로 최선을 다해 '성숙한 시민 교육'을 했음이 분명해 보였다. 그동안 기성세대는 청년 세대를 불신해 온 것이 사실이었다. 그러나 이들은 정말 내가 부끄러울 정도로 어른스러웠다. 내가 어린 시절에 같은 사건이 터졌더라면 그대로 아비규환이 되었을 것이다. 당시에는 오직 힘센 자만이 구명조끼를 강탈하여 구조되는 것이 상례였다.

희생된 학생들의 어른스러운 모습과는 달리 선장과 선원들은 차가운 바닷물에 견디기 위해 따뜻한 옷으로 갈아입고 자기들만의 통로로 줄행랑치고 말았다. 어른으로서 부끄럽기 짝이 없는 한국의 자화상이 아닐 수 없다. 설령 회사가 최고 수익을 위해 과적을 하고 온갖 구조적인 문제가 있었다 해도 선장과 선원은 최소한의 책임을 다해야 하는데, 이들은 '퇴선 버튼'조차 누르지 않았다.

누가 나라를 흔드는가?

이 같은 국가적 재앙 앞에서 제정신이라고 보기 힘든 북한발 유언비어를 퍼뜨리는 자들도 있었다. 이보다 더 참담한 일이 있을까? 북한은 과거에도 "대통령이 영부인을 암살했다"거나 "KAL기 폭파범은 한국 정부"라든가 "천안함의 폭침도 한국 정부의 소행"이라든가 하는 말들을 종북 세력들을 통해 교육시키고 우리 사회에 전파시키더니 이제 또다시 망동을 자행하고 있다.

더 큰 문제는 우리 사회의 극히 일부겠지만(또 그렇게 믿고 싶지만), 이러한 북한의 망동을 여과 없이 그대로 전파하여 믿게 하려고 책동하는 집단이 분명히 존재한다는 것이다. 이들은 마치 '한국 사회의 전복'이라는 한 가지의 목적을 위해 집요하게 움직이고 있는 듯하다. 침몰 사고의 유가족을 가장하여 유언비어를 퍼뜨리는 대자보를 붙이기도 하고, "정부는 살인마! 모든 책임은 이 정부에 있다"며 "분노를 모아 청와대로 가야 할 때"라고 부추기다가 유족들이 오히려 이들을 제지하는 일까지 벌어졌다. 만약 그렇다면 앞으로 일어날 모든 사고를 청와대가 책임져야 하는 것일까? 이런 식의 고배경 문화high context culture는 비선진적인 행태다. 대부분의 선진국에서는 저배경 문화low context culture를 견지하고 있다. 이 사태가 단순히 E. T. 홀Hall이 말하는 고배경 문화에서 비롯된 것인지, 아니면 특정한 정치 세력의 준동인지는 앞으로 더 살펴봐야 한다.

유족 앞에서 눈물로 선동하던 이들이 유족들에서 멀어지자 웃고 떠드는 장면들이 공중파 카메라에 잡히기도 했다. 교육 일선에 있는 사람으로서 이보다 더 참담한 일이 없다. 젊디젊은 이들을 일반적인 상식과 교양을 갖춘 민주 시민으로 도대체 어떻게 다시 바로 세울 수 있을까?

한국, 어디로 갈까?

해방 후 지난 반세기를 돌아보면, 한국은 200년 자본주의 역사상 가장 성공적인 압축 성장을 이룩한 거의 유일한 나라다. 한국전쟁 이후 세계에서 가장 가난한 나라로 시작하여, 서유럽이 200년 동안 이룩한 자본주의의 발전을 한국은 불과 30여 년 만에 이루어 내었다.

사회 진보에 대한 가장 적극적이고 진화된 개념으로 이 시대 최고의 경영학자의 반열에 오른 마이클 포터Michael Porter는 사회 발전지수Social Progress Imperative(SPI)를 제시하였다. 여기에는 영양, 의료 수준, 위생 요인 등의 기초 요소와 지식 및 정보 접근권 등의 웰빙well being 요소, 개인 권리, 고등교육을 받을 권리 등의 기회 요소 등을 포함한 광범위한 개념이 포함되어 있다. 2013년 4월 12일에 발표한 이 지수에서 스웨덴, 영국, 스위스, 캐나다 등을 필두로 한국은 11위에 올라(기초 8위/웰빙 8위/기회 12위) 선진국으로 발돋움한 것을 자축한 지 1년도 채 되지 않은 상태에서 가장 후진국스러운 재앙이 터진 것이다.

지난 반세기 동안 우리 사회는 선진국으로 돌입하기 위해 '좀 더 빨리 돈 벌고, 좀 더 효율적으로' 일하는 식의 사고의 지배를 받았다. 그러더니 결국 엄청난 재앙이 터지고 만 것이다. 우리는 그 짧은 기간 동안 세계 경제사에서 획기적인 발전을 이루었지만 그 '빨리'의 속성 안에 얼마나 많은 위험 요소들이 있었겠는가? 이제 그것들을 성찰해 볼 때가 온 것이 아닐까?

경제적으로만 본다면, 우리에게 이제 영국, 스웨덴 등은 대단한 나라들이 아니다. 그러나 지금부터 100년 전 영국의 타이타닉 호가 침몰되었을 때 그 선장과 선원들이 보인 모습은 100년 뒤의 한국과 너무 다르다. 희생된 우리의 승객들은 오히려 선장과 선원들의 지시를 그대로 따랐다가 희생되었다. 타이타닉 호 침몰 당시 어린이와 여자 승객들의 생존율이 70퍼센트였던 반면, 승무원의 생존율은 24퍼센트였다. 세월호의 경우 학생 생존율은 23퍼센트고 승무원의 생존율은 79퍼센트였다. 더욱 용서하기 어려운 일은 선박직 승무원의 100퍼센트가 안전하게 탈출했다는 것이다.

이번 세월호 사태를 통해 한국인들은 살려면 각자 알아서 자기 목숨을 지켜야 한다는 것을 깨닫게 되었다. 물론 세월호의 재앙을 모두 그 선장과 선원들에게만 돌릴 수는 없다. 그러나 한 가지 분명한 것은 영국이 우리와 분명히 다른 점이 있다는 것이다. 영국에는 국가는 국가대로 국민은 국민대로, 사회를 견고하게 만드는 어떤 강력한 정신과 자부심이 있다는 것이다.

이런 국가적 자부심과 강인한 정신을 하루아침에 만들 수는 없을 것이다. 그러나 우리도 이 같은 정신과 자부심을 가지려면, 이제라도 우리 모두가 공감할 수 있는 어떤 교육의 원칙과 철학이 있어야 한다는 절박감을 느낀다. 또 이것을 사회 전반에 걸쳐서 확산시켜야 할 것이다.

다시 교육으로

제대로 된 교육철학의 정립에 앞서서 가장 우려스러운 것은 우리 사회가 전반적으로 너무 정치적이고 '이데올로기 과잉'이라는 것이다. 교육계도 상당히 심각하다. 정치권력이 교육을 너무 오염시키는 것은 아닌지 우려스럽다. 정권이 바뀔 때마다 달라지는 교육 정책도 이제는 무감각해졌다. 교육이 정치에 종속되면, 정치인들에게는 단기적으로 이로울 수도 있을 것이다. 그러나 장기적으로는 국가 교육 전체를 위태롭게 몰고 갈 수 있다. 교육부는 정치에 보다 독립적인 자세를 견지하면서 보다 근본적인 교육의 원칙과 철학을 가져야 한다. 그래야만 우리 교육의 미래도 새로운 희망을 가질 수 있다.

현실에서 이데올로기적인 혼란은 교육계가 가장 심각하다. 이상하게도 이른바 좌파로 분류되는 정권에서 신자유주의적 교육 정책이 가장 활개를 쳤고, 우파 정권에서 오히려 좌파적 평등주의에 입각하여 이 문제들을 수습하는 기이한 행태를 보였다. 이 같은 교육 현실 속에서 우리의 교육계 전체가 우왕좌왕하고 있는 것이다.

'민주화'나 '진보'라는 말을 종북 세력들이 주로 사용하다 보니 진보가 마치 나쁜 용어처럼 인식되기도 한다. 진보가 생산력과 생산 관계의 모순의 해방이라는 마르크스적 개념은 이미 폐기되어야 하는 것임에도 이들 종북 세력들은 천연덕스럽게도 지금까지 사용하고 있다. 진보나 발전은 군나르 뮈르달Gunnar Myrdal이나 마이클 포터의 개념이 가장 현대 사회의 분석에 타당한 것임에도 왜 이들은 묵수적墨守的 궤변에서 벗어나지 못하고 있는지 안타깝다.

우리의 사고 기저에 교육에 대한 철학적 성찰이 부재한 것은 아닐까? 지금이라도 교육부에게 보다 근본적인 교육 원칙과 철학을 가지기를 제안하고 싶다. 교육계가 정치권력의 변화에 춤출 것이 아니라 오히려 정치권력을 가급적 배제하고 이 나라 교육에 무엇이 필요한지 진지하게 따지고 그 철학적 기반을 다져서 교육의 근간으로 삼을 필요가 있다. 이를 위해 교육학자와 철학자들이 머리를 맞대고 국가의 교육 원칙과 철학을 새로이 정립해야 한다.

《대학지성》(2014년 봄여름호)

정치가 지배하는 교육

한미 FTA와 한국의 위기

한미 FTA 문제로 온 나라가 시끄럽다. FTA, 즉 자유무역협정Free Trade Agreement은 이론적으로는 협정을 맺는 국가 간의 관세가 철폐되므로 무역 창출 효과나 무역 전환 효과 등이 나타나게 되어 경제 성장도 함께 이룰 수 있고 양국의 소비자들도 동시에 그 혜택을 누리게 된다. 그런데 왜 이 협정이 국민적 반대에 부딪힌 것일까?

그것은 아마도 현실의 복잡한 이해관계를 도외시하고 이론적으로만 접근했기 때문일 것이다. 만약 한국과 미국이 완전히 동등한 정도의 경제력과 대외 교섭력을 가지고 있고, 양국의 상법이나 언어가 가지는 위상이 세계적으로 동등하다면 이론대로 될 것이다.

국제 통상에서 상법이나 관습도 거의 미국 일변도로 되어 있는 상태에서 영어에 능통한 국제 통상 전문가가 많이 부족한 우리나라가 앞으로 무역 분쟁이나 소송이 벌어지면 그때는 어찌할 것인가?

미국은 다민족 국가인 데다 인디언 원주민들을 몰아내고서 건국한 나라이기 때문에 법은 그들의 가장 중요한 이데올로기 중 하나라고 할 수 있다. 미국 대통령 가운데 유난히 법률가 출신이 많은 것도 그 때문이다. 그래서 한미 간에 무역 분쟁이나 소송이 벌어질 경우 미국을 이기기란 거의 불가능하다. 바로 옆의 캐나다도 이기기 힘드니 우리의 경우는 말할 것도 없다.

미국의 국어 교과서를 보면 초등학교 4학년이 우리의 6학년 이상의 수준으로 보인다. 수학이나 과학의 수준이 한국과 비교할 수 없을 정도로 낮은 미국이 유독 언어 영역만큼은 한국보다 월등히 높은 것도 신경 쓰인다. 사실 미국은 변호사의 천국이다. 심슨 사건 등에서 보더라도 알 수 있듯이 팥을 콩이라고 해도 재판에서 승소할 수 있는 나라가 미국이다.

필자가 보기에 FTA는 결코 서둘러서 될 사안이 아니다. FTA

가 자유무역 자체보다는 다른 정치적 목적을 위해 추진되고 있는 것이 아닐까 하는 일부의 우려도 있다. 월드컵에 온 나라가 매달린 것도 의심의 눈초리로 보는 이들이 많다. 공교롭게도 FTA 협정 기간과 맞물려 있었으니 말이다.

우리에게 진정한 교육 정책은 있는가?

우리 사회가 전반적으로 너무 정치적이라는 점이 항상 우려스럽다. 교육계도 예외는 아닐 것이다. 언젠가 중요한 교육 세미나를 갔는데 "곧 장관님께서 오시니 빨리 끝내야 된다"며 사회자가 발표자들을 종용하는 것을 본 적이 있다.

우리에게 교육 이데올로기는 있는가? 교육인적자원부는 진정으로 교육철학이 있는가? 장관이 바뀔 때마다 달라지는 교육 정책도 이제는 무감각해졌다.

교육인적자원부에게 이제는 보다 근본적인 교육철학을 가지기를 권고하고 싶다. 정치권력의 변화에 춤출 것이 아니라 이 나라 교육에 무엇이 필요한지 진지하게 따지고 그것을 교육의 근간으로 삼아야 한다는 것이다. 현재 만연한 우파적 신자유주의 또는 좌파적 시장사회주의로 인하여 수도권 이외 지역의 교육은 황폐할 대로 황폐해지고 있다.

수도권의 교육도 예외는 아니다. 제7차 교육과정 이후 초등학교 3학년 이상이면 부모가 지도하기가 어려워 사교육비는 천정부지로 치솟는다. 국영수는 물론이고 음악, 미술, 체육도 과외를 해야 한다. 지금도 많은 학생들이 해외로 나가고 또 학교를 떠나고 있는데 앞으로는 더욱 심각할 것이다. 망국적으로 늘어나는 사교육비를 앞으로 어떻게 해결해야 할지 생각하면 답답하다. 아무리 이론적으로 좋은 교육 과정이라고 해도 현실을 무시하면 안 된다. 그만큼 많은 학생들이 학교로부터 소외된다.

이대로 간다면 앞으로 수년 내에 전체 학생들의 5퍼센트에서 많게는 30퍼센트 정도를 제외하면 수학이나 과학은 거의 포기하는 상태로 갈 것으로 보인다. 그리고 이런 문제를 해결할 수 있을 것으로 관심을 모았던 대안학교들도 제구실을 다하지 못하는 것이 언론을 통해 알려지고 있어 더욱 우울해진다.

교육과 정치를 분리하라

대학 교육도 답답하기는 마찬가지다. 지방대학은 대부분 경영 위기에 봉착해 있다. 물론 학생 부족이 일차 원인이겠지만 그에 못지않게 정치적 원인도 있다. 현실적으로 누구나 아는 어려운 경영 여건에서 대학, 특히 지방 사립대학들은 마치 '한계기업'과 같이 구조조정이나 경영 합리화를 추진해야 하는 상황에 놓여 있고, 대학 경영자들의 입지는 점점 더 좁아지고 있다. 대학은 기본적으로 학과 단위로 마치 '독립연맹왕국'처럼 되어 있어 비효율과 부조리가 만연해 있는데, 정부나 사회는 대학의 구조조정이나 경영 효율화를 강요하면서도 사학 경영자들의 입지를 더욱 강하게 압박하고 있다.

상당수의 대학이 구조조정이나 경영 합리화 과정에서 발생한 내부 분규로 몸살을 앓고 있다. 사실 재정 여건이 좋다면 무엇이 문제겠는가? 미국과 같이 기부문화가 성숙되어 있다면 대학 경영이 그리 어렵지는 않을 것이다. 그러나 현재의 대학이 내외부적으로 실질적 도움을 받는 경우는 흔치 않다. 미국의 경우 각종 협의회나 이사회는 기부금을 모집하는 식으로 실질적 도움을 주기 위해 있지만 우리나라의 경우에는 오히려 감시 기능을 강화해야 한다는 목소리만 높다. 만약 현재와 같은 상황에서 정부에서 추진하는 사학법이 통과된다면, 지방대학이 바로 서기보다는 오히려 경쟁력 하락과 열악한 재정 상황에 봉착하게 될 것이다. 사학법도 순수한 목적으로 추진하고 있겠지만 상당

수 전문가들은 정치적 목적으로 추진하고 있다고 우려하고 있다.

지방 교육이 튼튼해야 나라 교육도 건실해진다. 지방 교육이 무너지고서 수도권만 비대해진다면 나라 교육이 온전하겠는가? 팔다리 없이 머리만 비대해진 사람이 과연 사람인가? 정부는 지방의 교육과 경제를 동시에 살리는 더욱 실질적인 선순환 구조를 찾아야 한다.

이제 우리는 교육 부문에서만이라도 정치성을 탈피해야 한다. 교육이 정치의 종속변수가 되면, 당장은 정치가들에게 이로울지는 모르지만 그것은 장기적으로 국가 전체의 발목을 잡는 괴물로 둔갑할 수가 있다. 교육인적자원부는 정치에 휘둘리지 않는 보다 근본적인 교육철학을 진지하게 고민해 보아야 한다. 그것만이 우리 교육의 미래에 희망을 줄 것이기 때문이다.

《대학 교육》(2006년 가을호)

'전문대학 수업 연한 다양화', 부작용 우려된다

'전문대학의 수업 연한 다양화' 법안이 4월 국회 통과를 앞두고 있다. 수업 연한 다양화란 현재 2년제 중심의 전문대학 수업 연한을 1년에서 4년으로 다양화한다는 것이다. 이제 전문대학은 4년제까지 자유자재로 개설할 수 있게 된다. 왜 정부는 대학이 넘친다면서 4년제 대학을 더 만들려고 하는 것일까?

이 법안은 혼란을 초래하기 때문에 재고돼야 한다. 첫째, 구조 개혁으로 몸살을 앓는 대학 정원 정책에 역행한다. 둘째, 학부모의 등록금 부담이 가중된다. 셋째, 사실상 수도권에 4년제 대학이 30~40개가 신설되는 결과를 초래해 지방 전문대학과 지방대학의 위기를 심화시킨다. 넷째, 실질적인 교수 증원, 재정 투자 확대 등이 이루어지기 어려워 교육의 부실화를 초래할 가능성이 높다.

전문대학들은 청년 실업 문제를 해결하고 대학 기능을 최적화한다고 홍보하지만 교육 소비자들의 입장은 다르다. 좀 더 적은 비용으로 단기간에 배워 빨리 취업할 수 있는 기회가 없어지면 그만큼 선택권이 줄어들고, 저소득층의 취업 기회가 박탈된다.

수업 연한 다양화는 지방대학의 위기를 더 심화시킬 것이다. 가장 큰 피해는 아마도 지방 전문대학이 감당해야 할 것이다. 4년제 지방대학도 상당수의 학과가 취업과 직무 중심으로 변경하면서 버티고 있는데 지방 전문대학들이 4년제 대학들과 또 치열한 경쟁을 해서 생존하기란 어려울 것이다. 전문대학이 '사실상' 4년제 대학교로 전환되더라도 교수 증원, 재정 투자 확대 등이 제대로 이루어지기 어려운 현실에서 교육의 부실화는 피하기 어렵다.

현재 수업 연한을 4년제로 바꿔야 한다는 수도권 전문대학의 수는 37개이고 학과 수는 46개다. 이 학과들의 입학 정원을 합치면 1만 295명이다. 만약 수업 연한 다양화 법안이 통과되어 이 학과들이 4년 과정이 된다면, 학생 수로 봐도 입학 정원 2,000명 이상의 대형 대학이 다섯 개나 신설되는 셈이 된다. 이 과정에서 죽어나는 것은 지방 전문대학과 지방대학일 것이다.

고등교육 기관들은 각기 역할이 있고 그 역할에 맞도록 설계되어 왔다. 전문대학 수업 연한의 다양화는 고등교육의 기반을 흔드는 것이다. 따라서 전문대학의 수업 연한 다양화는 본래 취지와 달리 학제 및 고등교육 생태계 전반에 심각한 부작용을 야기할 수 있으므로 재고되어야 한다.

《조선일보》(2015년 4월 16일)

전문대학을 대학교로 바꿔 부르는 '이상한 개혁'

2011년 1월 28일 전문대협의회에서 교과부 장관은 전문대학이 '대학교' 명칭을 사용할 수 있도록 하겠다고 밝혔다. 전문대학이 대학교로 명칭을 변경하는 사항 등의 내용을 담은 법안이 지난 15일 국회 법사위를 통과했다. 법사위를 통과한 법안은 국회 본회의에서 통과되면 즉시 효력을 발휘한다.

그동안 '전문 직업인'을 배출하는 전문대학은 고등교육 부문의 40퍼센트 이상을 담당해 왔다. 그러나 이것은 전문대학이 대학교로 바뀌는 문제와는 다르다. 대학이든 대학교든 그 명칭이 문제가 아니다. 교육 원칙이 제대로 착근하지 못하고 부평초처럼 뿌리째 오락가락하는 것이 더 문제다.

고등교육 기관들은 각자 자기 역할이 있고 그 역할에 맞도록 설계되어 왔다. 전문대학은 단기 전문 인력을 양성하는 곳인데 왜 굳이 '대학교'라는 명칭을 가져야 할까? DVD와 CD는 제품의 호불호를 떠나서 용도가 다르다. 그런데 CD를 DVD로 팔면 소비자는 극심한 혼란에 빠질 것이다.

진정으로 전문대학의 발전을 도모한다면, 제대로 된 단기 전문인 양성 프로그램을 개발하면 된다. 일부 성공적인 전문대학에 대한 교육 소비자의 선호도는 4년제 대학교보다 훨씬 높다. 그럼에도 불구하고 전문대학이 그 내용은 그대로 두고 껍데기만 대학교로 바꾼다면 교육 소비자들이나 기업 모두에게 혼란을 초래한다. 같은 대학교가 어떤 것은 2년제이고, 어떤 것은 4년제라고 하기 때문이다.

나아가 수도권 전문대학의 4년제 대학화는 지방대학의 총체적 위기를 더욱 가속화할 것이다. 중하위권 학생들이 수도권의 전문대로 집중되어 지방대학과 지방 전문대학이 가장 큰 피해를 입을 것이다. 대부분의 지방대학은 학생 충원에 사활을 걸고 있는 형편이다. 지방대학의 교육적 위상은 더욱 급격히 추락할 것이다.

불과 20년 전만 해도 지방 대도시 국립대학은 수도권의 메이저 대학들과 어깨를 나란히 했지만 현재는 웬만한 수도권 대학과는 비교할 수조차도 없다. 앞으로 지방 대도시 국립대학조차 수도권 전문대학보다 더욱 위상이 추락할 것이다. 왜냐하면 교과부가 앞으로 전문대학 졸업자들에게는 자동적으로 각종 자격증을 부여한다고 공약했기 때문이다.

오케스트라와 같이 교육의 영역에도 각자의 역할과 본분이 있다. 심벌즈 연주자가 자신의 역할을 불평하여 클라리넷도 연주해야겠다고 하면 오케스트라는 제구실을 못한다.

《조선일보》(2011년 5월 5일)

이 바람 저 바람에 흔들리는 교육

참여정부의 가장 큰 업적으로 권위주의의 파괴를 지적하는 사람들이 많다. 그러나 그 후유증 또한 적지 않았다. 학생이 체벌한 선생을 고발하고, 취객이 파출소에서 난동을 부리고, 승객이 버스 기사를 폭행하여 대량 참사의 아슬아슬한 고비를 넘나드는 것은 이제 이야깃거리도 못 된다. 그러면서도 노무현 전 대통령과 가까운 경제계 인사가 기내에서 난동을 부려서 나라 망신을 시키더니 정치권을 이용하여 대형 경제 사건을 터뜨렸다는 보도가 나오고 있다.

베이컨이 말했듯이 쓸데없이 권위에 기대어 진실을 외면하는 '극장 우상'은 물론 타파의 대상이다. 하지만 사회를 유지하려면 최소한의 권위와 복종은 있어야 한다. 학생은 배우러 학교에 왔고, 선생은 가르치기 위해 교단에 서 있는 것이다. 문화혁명 당시 홍위병의 사례는 권위와 기존 체제에 대한 맹목적 파괴가 얼마나 위험한 결과를 초래하는지를 보여 준다. 중국은 그 후유증을 극복하는 데만 20여 년도 더 걸렸다.

우리 사회가 너무 가벼워져 가고 있어 안타깝다. 텔레비전은 온통 가벼운 언어유희와 오락 프로그램으로 가득 차 있다. 더불어 이 바람 저 바람에 흔들리는 이 사회는 너무 위태로워 보인다.

2008년 11월 한나라당 국회의원 열 명은 고등교육법 일부 개정법률안을 발의했다. 그 내용에는 전문대학 학장도 '총장'이라는 명칭을 사용할 수 있다는 조항이 있다. 이 개정 법률안은 12월 정기국회에서 통과되면 내년 신학기부터 시행될 예정이다.

총장이든 학장이든 그 명칭을 문제 삼고 싶지는 않다. 그러나 이것은 단지 명칭만의 문제가 아니라, '정치가 지배하는 사회'라는 우리 사회의 어두운 단면을 보여 주기 때문에 우려된다.

첫째, 고등교육 기관들은 각기 역할이 있고 그 역할에 맞도록 설계되어 왔는데 이 법률은 이 뿌리를 흔들고 있다. 전문대학은 단기간에 전문인을 양성하여 사회에 필요한 인재를 키우는 곳인데 왜 전문대학 학장이 총장이 되어야 하는지 이해하기 어렵다. 그저 각자의 사회적 임무를 충실히 수행하면 될 일인데 굳이 교육 목적을 상실해 가면서까지 총장의 직함이 필요한 까닭을 알 수가 없다.

둘째, 이 법률은 우리 정치권이 로비에 얼마나 허약한지를 보여 준 전형적인 사례이다. 로비만 하면 안 되는 일이 없는 것일까? 이 개정안을 전후로 하여 우리 교육계 내에 정치권 출신의 인사 개입이 있지는 않았을까? 만약 그렇다면, 이제 안과 의사들도 로비만 하면 치과 의사로 명칭을 바꿀 수 있을지도 모를 일이다. 이 개정안을 발의한 국회의원들에게 묻고 싶다. 왜 당신들은 시도의원들과 구별되는 배지도 굳이 따로 만들었는가?

셋째, 현재 전문대학은 4년제 대학 따라잡기에 몰입하고 있다. 즉 전문대학 측은 4년제 대학과 2년제 대학의 구분을 없애는 방향으로 로비를 거세게 하고 있는데, 이것은 학부모, 학생, 외국인 유학생은 물론이고 국민들에게도 큰 혼란을 초래할 것이다. 전문대 학장들이 총장으로 불리길 원하면, 먼저 교수진을 4년제 대학처럼 보강하고 연구 능력도 강화한 후 단과대학을 4년제 대학처럼 만들어 각 분야별로 학장을 선임하고 난 뒤에 해도 늦지 않을 것이다. 그런데 왜 이리 서둘러 총장이라는 명칭에 집착하는지 궁금해진다. 아마도 교육보다는 정치력을 확대하려는 것은 아닐까 생각하면 기우일까?

오늘날 우리 대학들을 백화점식으로 방만하게 만든 것도 따지고 보면 교육계의 정치적 로비와 관련이 있다. 과거의 대학들은 대부분 이미 특성화되어 있었다. 그러다 1990년대 중반부터 다시 특성화한다고 부산을 떨게 되었다. 이제 전문대학의 행보도 그대로 내버려두면, 그 수만큼 또 다른 백화점식 대학교들이 들어서게 될 것이 분명하다. 그리고 또 10년이 지나면 다시 특성화를 한다고 대학가 전체가 혼란스러워지지 않을까 우려된다.

교육의 영역에는 각자의 역할과 본분이 있다. 우리 모두 각자의 본분을 다할 때 우리 사회는 한층 밝아질 것이다. 언제쯤 우리는 '정치가 지배하는 사회'로부터 벗어나 우리 본분인 교육에 몰입할 수 있을 것인가 생각해 본다.

《조선일보》(2008년 12월 22일)

진보 이데올로기와 교육

위험한 나라

최근 우리는 극심한 좌우 갈등을 겪고 있다. 교육계도 예외는 아니다. 중고등학교에서는 이른바 전교조를 중심으로, 대학에서는 진보 진영을 중심으로 이승만, 박정희를 비롯하여 근대사의 많은 업적을 남긴 대통령이나 정치인을 일방적으로 매도하는 분위기가 넘쳐나고 있다. 이승만은 건국 대통령이라는 이미지를 잃고 오로지 독재자의 대명사가 되고 말았다. 근대화의 상징이기도 한 박정희 전 대통령도 마치 주지육림酒池肉林의 봉건 군주처럼 묘사되고 있다. 문제는 이렇게 하는 게 마치 지성인

양 행세하는 경우가 자주 보인다는 점이다.

물론 이들의 행적을 전적으로 좋게만 보자는 말은 아니다. 다만 역사적 인물에 대한 평가는 시대의 공과를 함께 따져야 하는 것인데, 교육 일선에 있는 상당수 교사들이 일방적인 이데올로기를 주입하고 있는 것이 우리 교육의 현실이기도 하다.

노벨상 후보로까지 거론되던 유명 시인이 카다피를 극찬하면서도 북한의 인권 문제에 대해서는 끝까지 침묵으로 일관한다. 수많은 탈북자와 꽃제비들이 있는데도 말할 수 없다고 한다. 전환 시대의 양심이라던 교수는 박정희 전 대통령에 대해서는 전대미문의 독재자라고 가르치면서도 북한 정권의 폭정과 인권 문제에 대해서는 죽을 때까지 입을 굳게 다물었다. 국민의 정부 당시 청와대 최고위 인사가 모 장관을 지칭하며 "이 정부 안에 간첩이 있다"고 외치기도 했다는 글을 읽었다. 친북 인사였던 유명 목사 하나가 북한 방문 후 북한 정권에 대해 비판적 발언을 하자 이른바 진보 진영에서는 그를 아예 실성한 사람으로 취급하여 화병으로 세상을 떠났다는 이야기도 들었다.

때로 인간에게 지식은 병이 되기도 한다. 연봉 1억 4,000만 원을 받는 20년 경력의 항공기 기장은 친북 사이트인 '사이버민족방위사령부(사방사)'에서 열심히 활동하다가 북한의 연평도 도발 이후 북한을 찬양하는 글을 올렸다고 한다. 현재 병무청 공무원, 변호사, 철도 공무원 등 70여 명이 북한을 찬양하는 블로그를 만들거나 종북 사이트에 글을 올린 혐의로 수사를 받고 있다는 보도를 보면 착잡하다. 그들은 이승만과 박정희 전 대통령이 대한민국을 미국의 식민지로 전락시켰다며 비난 일색이다.

검찰 등에 따르면, 국내 대표 포털사이트에서 검색된 종북 성향의 카페만 10여 곳에 이르고, 아무런 제재 없이 접속이 가능한 종북 사이트가 122개에 달한다고 한다. 특히 이들 사이트 가운데는 북한 정권이 직접 관리하는 사이트가 있기도 한데, 이 사이트는 트위터 계정까지 개설해 현재 1만 648명의 추종자follower를 보유하고 있다.

이들을 규제할 법률은 국보법이 전부인데도, 노무현 전 대통령이 국보법에 대해 "칼집에 꽂아 박물관에 보내야 할 독재시대의 유물"이라고 한 이후, 국보법은 마치 5공 시대의 유물 취급을 받고 있다. 국가 원수가 한 말이라고 하기엔, 그 사상적 저의가 의심스럽다. 게다가 일명 '미네르바법'인 전기통신 기본법 조항에 대한 위헌 결정으로 천안함·연평도 유언비어에 대한 처벌 근거도 사라지고 말았다.

북한 정권의 도발이 계속되는데도 소위 진보 인사들은 북한의 군사적 위협은 없다고 강변한다. 아무리 문화적·경제적으로 잘 살아도 북한과의 전쟁에서 지면 모든 것이 물거품이 되고 만다. 고대 그리스 도시국가 아테네의 멸망이 그 대표적 예다. 한류니 IT 강국이니 세계 경제 대국이니 하는 말도 사라질 것이다. 우리 영토는 그리 넓지 못하다. 한국전쟁 당시도 일주일 만에 전 국토가 유린당하고 말았다.

지금 한국에서는 상식을 가진 사람으로서는 이해할 수 없는 일들이 많이 벌어지고 있다. 경제 강국 한국을 시샘하던 세계인들은 더욱 이해가 안 될 것이다. 이 모든 원인은 복잡하게 얽힌 한국적 상황도 있지만, 교육이 제구실을 못했기 때문이다.

일부 교사와 교수들이 북한 정권이 정통성을 가졌고 한국전쟁도 대한민국이 도발해 일어난 것이라는 듯이 가르치다 보니 종북·친북이 마치 지성인 양 판을 치는 것이다. 해방 전후사를 보면 남북한 모두는 독립운동의 주축 세력인 김구 계열이나 박헌영 계열이 제거되고 독립운동의 방계 그룹들, 특히 일부 친미·친소 세력이 정권을 장악하였다. 따라서 북한 정권을 정통성을 가진 것처럼 호도하는 것은 민족사에 대한 인식 부족을 드러낼 뿐이다.

2006년 '한국청소년개발원'이 한·중·일 청소년을 대상으로 "전쟁이 난다면 어떻게 할 것인가?"라고 설문조사를 한 결과, "앞장서 싸우겠다"는 응답은 일본이 41.4퍼센트, 중국은 14.4퍼센트인 데 반하여 한국의 경우는 10.2퍼센트에 그쳤다.

또 "전쟁이 나면 외국으로 출국하겠다"는 응답은 한국이 10.4 퍼센트로 가장 높았고, 중국은 2.3퍼센트, 일본은 1.7퍼센트였다. 한국 교육의 현주소를 단적으로 보여 준다.

문제는 스스로 진보라고 부르는 이들이 자신들의 견해를 수용하지 않는 사람들을 '보수꼴통'이라고 부른다는 것이다. 나는 대학 시절 민주화 운동을 하다 제적되었고 강제 징집되어 군대에 갔지만 열심히 군생활을 마쳤고, 아들을 자랑스럽게 해병대에 보냈다. 그러면 나도 '보수꼴통'인가?

진보적 교육이라는 명제

진보는 미래가 더 나아질 것이라는 일종의 신념으로, 프랜시스 베이컨Francis Bacon, 르네 데카르트René Descartes 이후 많은 사상가들에 의해 논의되어 왔다. 특히 이 진보의 신념은 봉건시대의 장막을 걷고 시민혁명의 불을 밝힌 시대정신이었다. 당시 시민혁명의 지도자들은 왕당파나 온건주의자들과 대비하여 스스로를 진보 세력이라고 불렀는데, 그들은 좀 더 빠른 사회와 정치의 변화를 원하였다. 이들의 정신적 · 시간적 차이가 이데올로기적으로 윤색되면서 진보적 이데올로기가 등장하였고 이 개념은 프랑스 혁명정신(자유·평등·박애)과 긴밀한 관계가 있었다. 이것이 서유럽의 진보와 보수의 기원이다.

그러나 전교조나 한국의 이른바 진보 세력은 이 같은 개념이 아니라 1980년대 대학을 점거했던 주사파(북한의 주체사상을 신봉하는 그룹)나 마르크스의 개념을 사용하고 있다는 데 문제가 있다. 이념적 실험이 끝나 버린 현대의 서유럽 사회가 마르크스주의적 관념에 입각해 진보를 말하는 것은 아닌데 유독 세계 10대 경제 대국인 한국은 종북·친북 세력과 연계된 주사파 이론이나 그 내면에 마르크스적인 발상이 깊이 자리하고 있다.

엄밀히 따져 보면, 진보나 보수, 발전이라는 개념이 절대적으로 어떤 것이라고 존재하는 것도 아니고 이념적 합의가 있는 말도 아니다. 따라서 진보는 시대에 따라 달라질 수밖에 없을 것이다. 그럼에도 불구하고 현재 한국에서 말하는 진보라는 개념은 철저히 북한의 주체사상과 마르크스적인 개념에 기반을 두고 있다. 이것은 학생들을 가르치는 일부 교수나 교사들이 진보의 개념을 혼동하고 있으며 이미 지나 버린 과거사의 소용돌이에 끊임없이 어린 학생들을 몰아 가기 때문이다.

전교조 교사들에게 묻고 싶다. 꿈 많은 초등학교 학생에게 『독재자 박정희』라는 만화책을 읽혀서 그들의 정신적 성장에 무엇이 도움이 될 것인가? 한국이 과연 미국의 식민지인가? 그렇다면 왜 중국을 비롯한 수많은 나라들이 한국식 경제 개발 모델을 닮지 못해서 안달인가? 친일 매국노들과 그 후손들이 아직도 이 나라의 정치경제를 좌우하는가? 그리고 일제시대의 친일 재벌 기업들이 지금 과연 얼마나 생존해 있는가? 특정 정치인 한 사람을 잡으려고 친일파를 20여만 명이라고 하는 것들이 과연 옳은 일인가? 그러다 보니 살판이 난 것은 국가적 반역자나 악질적인 친일분자들이었다. 친일파가 너무 많다 보니 사실상 없는 것이나 다름없게 되었기 때문이다. 정치 지도자는 미래를 이야기해야 하는데 이들이 몰두한 일은 오로지 이미 60여 년 전에 사라진 과거 친일분자를 잡는 일이었다. 그러다 보니 중국의 동북공정에 대항하기 위해서 만든 기관에 엉뚱하게도 일본 전문가가 책임자로 앉기도 한다.

일선 교수나 교사들의 잘못된 교육 탓에 한국의 많은 젊은이들은 보수와 진보를 극심히 혼동하고 있다. 이들이 사용하는 개념들은 기본적으로는 마르크스적인 용어로서 변증법적 유물론의 관점에서 진보와 보수(반동)라는 말이다. 물론 여기에는 생산력의 해방, 생산 관계와 생산력의 모순 등의 매우 어려운 개념들이 있다. 쉽게 말해서 생산력은 지속적으로 발전하는데 생산 관계가 걸림돌이 되니 생산 관계를 변화하는 생산력에 일치시키는 것이 진보라는 말이다.

하지만 소련의 붕괴 이후 이 말들은 의미가 없어졌다. 왜냐하면 마르크스가 말하는 진보라는 말 자체가 동적 개념으로 어떤 지향점이 있어야 하는데, 소련이라는 진보의 실체가 사라졌기 때문이다. 후쿠야마 교수는 마르크스주의를 혹평하고 자유주의의 위대한 승리를 찬양하면서 '역사의 종언'이라고 불렀다. 그러나 실제로 마르크스주의가 사라졌다기보다는 좀 더 현실화되고 타협적이며 점진적인 발전을 추구하는 형태로 변화되었다고 볼 수 있다. 그것이 유럽의 사회당 정권이다.

그러나 한국은 다르다. 이미 중고품이 되어 버린 마르크스의 개념에 주체사상이라는 이상한 꼬리표를 달고 있기 때문이다. 한국에서 스스로를 진보라고 하는 이들은 그들의 이데올로기인 반미에 동조하지 않고 북한에 대해서도 비판적인 사람들을 보고 '보수꼴통'이라고 하고 있다. 그러나 이 말은 진보나 보수와는 아무 상관이 없는 말이다. 친북적이고 반미적이면 그것이 진보인가? 그러면 북한 정권은 진보 정권인가?

보수반동의 국가, 저개발의 개발

현재의 북한은 마르크스적인 관점에서 보면 가장 극렬한 보수반동이다. 왜냐하면 북한의 정치체제는 봉건적인 요소를 매우 많이 가지고 있으며 마르크스가 말하는 생산력의 해방 과정을 조금도 찾아보기 어렵기 때문이다. 북한 경제는 오히려 심화된 저개발 상태에 불과하다. 이른바 종속이론의 대가들이 중남미 자본주의 국가에 대해 지적했듯이 '저개발의 개발Development of Underdevelopment'이 아이러니하게도 가장 돈키호테적인 국가인 북한에서 전형적으로 나타나고 있다. 정치 · 경제적으로 북한은 심화된 종속의 상태이다. 북한은 사실상 중국의 일개 성으로 전락한 상태라는 것이 일반적인 인식이다. 마르크스적으로 말한다면, 북한은 정치체제라는 상부구조가 하부의 생산 관계와 생산력의 발전을 철저히 왜곡시켰기 때문에 역사의 추가 거꾸로 가고 있는 상태이다.

한 가지 분명한 사실은 수십만이 탈북자로, 꽃제비로 떠돌고 있고, 또 그만큼 많은 사람들이 정치범 수용소에서 생존의 한계 상황에 놓여 있다는 것이다. 우리 5,000년 역사를 통틀어 어떤 폭군이나 전제군주도 김정일 정권만큼 많은 수의 자기 동포를 박해하고 파멸시키지 않았다는 진실만은 말해 두어야 한다. 따라서 북한식의 정치 · 경제 체제를 진보적이라고 한다면 죽은 마르크스나 체 게바라는 통곡할 것이다.

2011년 5월 '진보정치 대통합'을 위한 대표자 연석회의가 결렬되었다. 민노당에서는 종북 노선을 포기할 의사가 없었기 때문이다. 진보진영 인사 한 사람이 "21세기에 다 망해 가는 봉건 왕조에 미련을 버리지 못하다니, 이건 정치가 아니라 사이비 종교"라고 비난했다. 그는 "도대체 21세기에 3대 세습과 인권 문제에 대해 비판해야 하느냐 마느냐를 놓고 '토론'을 해야 한다는 것 자체가 한심한 것"이라고 말을 맺었다. 그런데 왜 또 나는 이 자리에서 말해야 하는가? 이제는 더 이상 침묵해서는 안 될 상황이 왔기 때문이다. 이 시점에서 침묵은 무지가 아니면, 기만일 뿐이다.

진보와 발전 그리고 교육

진보라고 할 때는 마르크스적 관점보다는 본래의 철학적 변증법의 시선으로 파악하는 것이 나을 것이다. 즉 정반합이 가지는 미래지향적인 속성을 파악하여 현재의 잘못되고 낡은 틀을 파괴하고 그 필요한 내용을 보존하면서 이를 극복하는 반(反)의 논리적인 내용을 잘 섞어서 미래를 바람직한 방향으로 만들어 갈 때 진보니 개혁이니 하는 용어를 사용할 수 있다.

진보는 발전 개념과도 밀접한 관계가 있다. 진보는 발전의 역동성을 포함하고 있기 때문이다. 이 점에서 뮈르달의 "발전이란 총체적인 사회 체계의 상향 운동movement upward of entire social system"이라는 견해는 매우 적절하다. 즉 발전이란 구조의 변화와 더불어 제도, 사상, 질서 등의 변화를 동시에 수반하는 것이다. 그런 의미에서 보면 의견의 다양성은 발전과 더불어 당연히 나타나는 것이다. 오로지 하나의 견해만으로 세상을 보려고 한다거나 자기의 생각만이 옳다는 식은 곤란한 일이다.

현대 유럽에는 지금 우리가 겪는 사상적 갈등의 문제가 잘 나타나지 않는다. 그만큼 사회가 성숙했다는 의미다. 이것은 각자의 단점을 보완하고 상대의 장점들을 흡수했기 때문이다. 그래서 정책 대결을 통한 국민적 선택이 정치의 일반적 과정이 된 것이다.

우리의 경우 좌파나 우파는 그 분석 방식이 서로 달라 상호 설득이 매우 어렵다. 유신독재와 5공화국 시대를 거치면서 운동권은 더욱 좌편향되었고 여기에 북한 정권도 크게 거들었기 때문이다. 더불어 시대의 아픔을 외면하고 무임승차했던 수많은 방관자 그룹의 존재도 한몫 하였다. 이른바 진보 좌파의 눈에 그들은 기회주의자에 불과했기 때문이었다. 그들의 눈에는 "전형적인 기회주의자들이 이제 와서 마치 자유민주주의의 수호자인 양" 한다는 것이다. 교수들도 마찬가지다. 이 점 우리 모두 반성해야 할 것이다.

그래도 이제는 달라져야 한다. 지금의 북한 인권보다 더 중요한 것은 없다. 바로 내 형제, 자매들이 극심한 고통을 당하고 있기 때문이다. 그 무엇보다도 우리는 인간의 기본적 존엄성에 대한 단일한 기준single standard을 가져야 한다. 당장 눈앞에서 김정일 정권의 서해 도발에 의해 젊은이들이 죽어 가는데, 월드컵 때문에 덮어두고 그 후에도 무시한다거나, 남북 관계에 악영향을 주니 북한 동포의 인권 문제에 침묵해야 한다고 교육한다면 그것은 인간이 가진 기본적 의무를 포기하는 것이다.

공자는 자기 평생의 가르침을 "내가 싫어하는 바를 남에게 시키지 말라[我所不欲勿施於人]"라는 말로 요약했다. 이른바 종북 진보 좌파 교사나 교수들은 스스로 물어야 한다. 나는 내 가족들을 데리고 북에서 살 자신이 있는가? 그렇다면 당신은 자유 의지로 가서 북한에 가서 살면 될 것이다. 만약에 당신은 가기 싫은데도 학생들에게 종북 이념을 계속 가르친다면 그것은 용납할 수 없는 일이다. 당신이 원하지 않는 것을 왜 제자들에게 따르기를 강요하는가? 그렇다면 당신들이 투쟁할 곳은 대한민국이 아니라 바로 북한이다. 북에 가서 민주화운동을 하고 생존의 기로에 있는 동포들을 구해야 할 것이다.

이제 우리는 더 이상 이념적 갈등을 외면해서는 안 된다. 보다 적극적인 갈등 해소를 위해서 교육의 기능을 회복하여야 한다. 과거보다는 미래를 이야기하고 지역보다는 세계를 이야기할 시점이다.

《대학지성》34호(2011년 12월 30일)

노무현 대통령님께

성하盛夏에 다망多忙하신 가운데 나라 안팎의 일로 얼마나 노고가 많으십니까? 대통령께 외람되나마 좁은 소견으로 몇 가지 말씀을 올리겠습니다. 다소 무례가 있더라도 혜량惠諒해 주시기 바랍니다.

대통령께서는 누구보다도 개혁을 강조하고 계십니다. 그런데 문민정부 이후 개혁으로 떠들썩한 지가 10여 년은 넘은 듯한데 살기는 점점 더 어려워지고 국내외 위기는 왜 갈수록 심화되는지 모르겠습니다. 많은 사람들이 아직도 보수는 자유민주주의고 진보는 사회주의라고 주장합니다. 그러나 진보·보수 타령을 하면서 싸우는 사람들은 사실 교조주의나 지역주의, 파벌주의 또는 급진주의에 불과할 뿐입니다. 우리는 독일의 프랑크 푸르트학파를 진보라고 하지도 않지만, 자본주의의 발전에 기여한 많은 실용주의자를 보수주의자라고 하지도 않습니다.

서유럽에서 보듯이 진보니 보수니 하는 말은 큰 차이가 없어 졌습니다. 대립과 투쟁의 과정에서 많은 '상호 침투'가 이루어 졌기 때문입니다. 문제는 누가 어떤 정책으로 현안을 잘 해결할 수 있는가에 달려 있습니다. 다만 교조적으로 현상 유지를 바라거나, 본분을 넘어서 정치력만 강화하려는 세력이 있다면 그것을 확실히 보수·수구라고 부를 수 있습니다. 따라서 '수구'니 '보수'니 하는 말을 함부로 쓰는 것은 위험합니다. 그저 좋은 정책을 써서 현안을 해결하면 될 일이지 공연히 보수·수구니, 개혁·반개혁이니 하는 말로 사회적 갈등을 야기할 필요가 없는 것입니다. 요즘 엄밀히 따져 보면 노조나 전교조, 민주당이 가장 견고하게 보수화되고 있습니다. 이제 우리가 관심을 가져야 할 민중은 노동자가 아니라 도시 빈민과 정치 세력화할 능력이 없는 사람들, 즉 소외된 농어촌 주민과 청년 실업자입니다.

국제 분업이라는 것은 한 치의 오차도 없는 경제 원칙입니다. 서너 사람을 고용할 돈으로 동남아·중국 근로자 수십 명을 고용할 수 있는 제조업의 고임금 구조는 "전생에 무슨 죄를 지어 기업하는가?"라는 개탄과 함께 제조업의 급속한 해외 탈출을 초래했습니다. 제조업은 고용 흡수력이 높은 만큼 제조업의 이탈은 이미 고용 감소 → 실업 증가 → 소비 감소 → 경기 악화 → 투자 감소 → 고용 감소의 심화로 이어지는 악순환 구조를 양산하고 있습니다.

물론 경영은 뒷전이고 주가를 띄운 뒤 회사를 팔아 차액을 남기고, 상속세를 피하려고 모든 수단을 동원하는 일부 재벌과, 유학 가는 아이에게 법인카드를 들려 보내는 기업가 등 천민자본주의가 만연한 것도 주요 원인일 수도 있습니다.

그러나 개혁도 제가 보기엔 제 길을 가는 것 같진 않습니다. 1990년대 초반에는 시장원리를 재해석하여 신자유주의적인 개혁을 한다고 야단법석을 떨다가 날이 갈수록 뿌리도 근거도 없는 이상한 '평균주의'에 입각한 모험적 사회주의와 포퓰리즘이 만연하고 있습니다. 도대체 무엇을 개혁했는지 점점 알 수 없게 되어 갑니다. 이 과정에서는 오직 포퓰리스트만이 권력을 잡게 되어 있습니다. 우리도 언젠가 아르헨티나와 같은 전철을 밟지 않는다고 누가 장담하겠습니까?

민주주의는 문자 그대로 '중우정치衆愚政治'가 되고 만연한 평균주의로 제조업을 기피하면서, 200만 명도 넘는 청소년들이 연예인을 꿈꾸고 있다는 보도가 있습니다. 사정이 이러하니 30만 명에 가까운 외국인 근로자들이 우리나라에서 일하고 있는데 그만큼 우리 젊은이의 일자리도 없어졌습니다. 그렇다고 신나치주의처럼 외국인 근로자들을 내몰 수도 없는 일입니다.

대통령께서는 이제 어느 한쪽에 귀를 기울이지 마시고 정책을 신중히 연구하여 일단 시행이 결정되면 강력하게 밀어 붙이셔야 합니다. 동서고금을 막론하고 개혁 세력들이 대부분 도덕적으로 성숙하고 이론적으로 탁월해도 성공한 예가 거의 없는데, 우리나라는 어찌하여 개혁한다는 세력들이 하나같이 미숙하고 우왕좌왕하는지 모르겠습니다. 교육 문제만 해도 교육부총리가 전문가들의 자문을 받아 해야 할 결정을 교육 문외한인 청와대 실세 인사가 결정하여 나라 전체를 혼란에 빠뜨리는 등작은 사안들조차 모두 국체國體를 흔들고 있습니다.

대통령께서는 한고조 유방劉邦과 같이 대역전극으로 대통령이 되셨는데 그 이후의 정책도 그분 같은 지도력을 발휘하시기를 다시 한번 기대합니다.

《매일신문》(2003년 8월 3일)

제2부

청춘을 위한 제언

사회사상가로서의 테일러와 포드

세월은 강물처럼

지난 시절을 돌이켜보면 참으로 많은 일이 있었습니다. 그렇지만 무심한 세월은 쉼 없이 흐르는 저 강물처럼 이어져 계절은 오고 가고 또 꽃은 피고 집니다.

저는 외람스럽지만, '사회철학자로서 경영자'라는 무거운 주제로 여러분에게 특강을 하려고 합니다.

다만 이 무거운 내용을 제가 제대로 소화하기는 어려우니, 여러분께서 익히 아는 '과학적 관리'의 대명사이자 미국 경영학의 '사실상'의 창시자인 프레더릭 윈슬로 테일러^{Frederic Winslow Taylor}

와 헨리 포드Henry Ford를 이야기하면서 가볍게 다루어 보고자 합니다.

변화의 시대

이 시대의 화두는 '변화'입니다. 그러나 저는 "변화에의 적응"보다 "변화의 주도"가 더 중요하다고 보고 있습니다. 저의 투철한 경영철학이기는 한데, 말처럼 쉽지는 않습니다. 보다 구체적 행동 방안으로는 발전적 해체, 창조적 파괴, 새로운 퓨전의 구성 등을 지적할 수 있겠습니다. 변화에 대처하기 위해서는 다음과 같이 행동하라고 합니다.

첫째, 자신의 주변을 간단하고 융통성 있게 유지하며 신속하게 행동하라.

둘째, 사태를 지나치게 분석하지 말고 두려움으로 자신을 혼란시키지 말라.

셋째, 작은 변화에 주의를 기울여 큰 변화가 올 때 잘 대처할 수 있도록 준비하라.

결국 변화를 예상하고 그 변화에 신속히 적응하려면 우리 스스로 변화하지 않으면 안 될 것입니다. 그러나 이것만으로는 부족합니다. 제가 보기엔 변화를 주도하는 데에서 한발 더 나아가 그 변화가 사회와 국가의 안정과 발전에 기여할 수 있도록 만들어 가야 합니다.

철학이 부족한 경영학

경영학을 공부하면서 항상 불만스러운 것이 있었습니다. 그것은 경영학의 철학적 기반이 너무도 약하다는 것입니다. 경영학에서 사용하는 용어들은 철학적인 개념에서 나오는 것이 아닙니다. 일반적이고 상식적인 판단이나 단순한 사전적 개념을 원초적 개념으로 사용하고 있죠.

단지 경영학이 돈벌이를 위한 것이라는 인식이 학문의 일각에서 분명히 있기 때문에 어떤 학자들은 경영학에 매우 냉담합니다. 그러나 경영학에 대한 접근법을 좀 바꾸어 보다 큰 시각에서 경영학을 한번 관조해 보는 것은 어떨까 합니다. 그래서 제가 들고 나온 주제는 바로 '사회철학자로서 경영자'입니다. 좀 더 구체적으로 말하면 위대한 경영자들은 그 철학적 심오함

이 있음에도 불구하고 경영학자들이 이를 간과하고 있다는 것입니다. 바로 그 대표적인 사례가 테일러와 포드입니다.

테일러의 과학적 관리법

프레더릭 윈슬로 테일러는 과학적 관리법scientific management의 대명사입니다. 현대 경영학은 사실 테일러에서 시작되었다고 봐야 합니다.

원래 경영학이란 경제학의 주요한 네 개 영역, 즉 미시, 거시, 국제 무역, 국제 금융 가운데서 미시 영역이 확장되어 발전한 학문입니다. 물론 이후에는 놀라운 자생력과 유연성을 발휘하여 여러 영역의 학문적 성과를 도입하여 경제 발전과 산업의 개발, 나아가서는 국민 경제의 발전에 크게 기여하였습니다.

잘 아시는 바와 같이 테일러는 생산성 향상을 위해 유명한 「시간과 동작에 대한 연구time-and-motion studies」를 발표합니다. 이것은 오늘날 토털 질관리Total quality control 아이디어의 원천이 되었습니다.

테일러에 대해 지적되는 문제 가운데 하나로 너무 인간을 기계적으로 인식했다는 점이 꼽히기도 합니다만 이것은 그리 단순한 문제가 아닙니다. 단지 오늘날의 시각에서 그리 본 것일 뿐입니다. 테일러를 좀 더 적극적으로 분석하지 못한 소치입니다.

테일러 이전의 기업 경영은 사실상 '주먹구구식'이었습니다. 주먹구구식 경영으로 가장 큰 피해를 보는 사람들은 노동자입니다. 테일러는 단지 좀 더 체계적으로 기업 경영을 함으로써 노동자들의 삶을 향상시키고, 이를 통해 좋은 기업을 만들고, 나아가 좋은 사회를 만들기를 희망한 것입니다.

그는 단순히 경영자를 위한 이론을 개발하려고 했던 것이 아닙니다. 그 자신이 기계공이기도 했으며 최고의 엔지니어이기도 했습니다. 그는 자신의 신체적인 문제에도 불구하고(시력에 심각한 문제가 있었다고들 합니다), 낮에는 일하고 밤에는 공부하여 학위를 딴 사람입니다. 그의 저작물들을 면밀히 읽어 보면 그는 경영자들의 이해만큼이나 노동자들의 이해를 중시한 사람이었음을 알 수 있습니다.

그의 생각은 오늘날 구조조정이나 리엔지니어링과 별반 차이가 없습니다. "최고의 작업 방식을 찾고 그것을 전체 작업으로 확대하라"는 그의 사상은 오늘날 우리가 보는 벤치마킹입니다. "가치를 더 이상 생산하지 못하는 것을 과감히 제거하라"는 것은 오늘날 바로 워크아웃Work out이죠. "인재를 적재적소에 배치하고 그의 생산성의 여부에 따라서 임금을 결정하라"는 것은 결국은 현대의 인센티브 제도입니다. 이것은 성실한 사람에게 더 많은 보상을 제시한 것입니다.

물론 그의 경영철학의 근간은 생산성의 향상입니다. 그는 생산성의 향상을 통한 대량 생산 기법의 단서를 제공함으로써 자본주의가 진정으로 자본주의가 될 수 있는 이론적 토대를 만들었습니다.

지금까지 들으시니 어떤가요? 별로 새롭지 않죠? 그러나 그 시대에는 너무나 획기적인 경영 방식이었습니다. 그는 자본주의의 하드웨어를 이론적으로 구성해 준 경영학의 대부라고 할 수 있습니다.

테일러의 과학적 관리법은 오늘날 식스시그마Six Sigma로 부활해 재생되고 있습니다. 쉽게 말해서 식스 시그마가 현대의 과학적 관리법이라고 할 수 있다는 말이고, 이 과학적 관리라는 아이디어의 시작이 테일러였다는 말입니다. 현대 경영학의 대부인 피터 드러커Peter Drucker는 테일러야말로 지식경영Knowledge Management의 창시자라고 합니다.

지금까지의 이야기들은 여러분들이 고급 경영학 원론 시간에 모두 들은 내용일 것입니다. 그러나 이 정도로 테일러를 이해할 수는 없습니다. 실제로 테일러는 사회사상가라고 해야 합니다.

테일러가 활동한 시대는 세계적으로 사회주의 사상이 확산되는 시기였습니다. 노동자들은 열악한 환경에서 일하고, 피로에 지친 몸을 술, 담배, 도박으로 탕진하고 다시 힘들게 출근을 반복하는 시대였죠. 게다가 경영자들은 주먹구구식으로 오로지 자신의 이익만을 위해 사업을 하던 시대였습니다.

테일러의 궁극적인 목표는 사회의 안정과 인간과 사회에 대한 사랑이었습니다. 더 '성실한 사람'이나 '열심히 일하는 사람'에게 더 많은 보상을 주고 그들의 모범을 전체 회사로 확대하여 노동자들이 생산성을 높여 더 많은 보상을 받아서 삶의 질을 높여야 한다는 것이 바로 테일러의 생각이었습니다. 이는 나아가 전 사회적으로 이 같은 과학적 관리법을 확산시키고 국가적으로 보다 안정된 선진화로 나아가려는 새로운 시도였습니다. 즉 날로 확산되어 가는 사회주의적 혁명 또는 사회 전복의 위험 요소들을 자본주의의 체질을 개선함으로써 해결하려 했던 것입니다.

그리하여 테일러는 이 같은 자신의 '과학적 관리법'을 전국적으로 홍보하고 강연했습니다. 물론 무료로 강연을 다녔죠. 바로 이 점에서 그를 단순히 성공적인 경영 이론가로만 볼 수 없는 것입니다. 테일러는 단지 경영 컨설턴트로 명성을 더 얻기 위해 넓은 대륙을 주유周遊하고 철환轍環한 것이 아닙니다. 테일러의 위대함은 자신의 생각을 자신의 발로 부지런히 뛰어다니면서 알려서 '보다 좋은 사회'를 만들려고 했다는 점에 있습니다.

아무리 훌륭한 생각이 있고 뛰어난 아이디어가 있다고 해도 방 안에 가만히 앉아 있다면 의미가 없습니다. 그것을 실행할 수 있는 부지런함과 적극성이 있어야 할 것입니다. 테일러는 미개척지로의 험난한 길을 처음 걸어 갈 수 있는 용기와 모험심을 가지고 있었습니다. 이러한 행위가 테일러를 경영학의 대부로 만들었던 것입니다.

테일러는 사회의 근간을 이루는 자본주의 회사들의 체질을 개선하여 사회가 더 나은 방향으로 진화할 수 있으리라고 생각한 사회진화론자라고 할 수 있습니다. 그는 단순히 경영학자가 아니라 소용돌이치는 자본주의의 안정을 위해 노력한 사회사상가였습니다. 그런데 우리는 그를 단순히 경영 이론가로 보고 있습니다.

사실 기업 경영만 잘한다고 모두 해결되는 것이 아닙니다. 경영자도 사회의 구성원이며 그 나라의 국민입니다. 국가와 사회가 평화롭고 안전해야 비즈니스도 있는 것입니다. 이 나라, 이 사회는 우리의 삶의 터전입니다. 이 점에서 테일러는 자유민주주의와 자본주의의 굳건한 수호자였으며 사회사상가라고 할 수 있고, 이것은 바로 헨리 포드의 경영철학으로 계승됩니다.

자동차의 왕 헨리 포드

헨리 포드를 모르는 사람은 별로 없을 겁니다. 세계의 자동차 왕이라고 불리는 사람이죠. 그는 당대의 대표적인 영웅들이 모두 존경한 경영의 영웅입니다. 심지어 히틀러조차도 자신의 집무실에 커다란 헨리 포드 사진을 걸어 두었을 정도였습니다. 특히 독일은 후발 자본주의 국가로 생산성이 크게 뒤진 상태에서 포드의 경영 시스템을 도입함으로써 세계 최고 수준의 공업 강국으로 부상하게 됩니다.

포드에 대해서는 이미 잘 아실 테지만 간단하게 그를 소개해 보고 다시 그를 생각하는 기회를 가져 봅시다. 포드는 미국의 남북전쟁 시기에 태어나 제2차 세계대전이 끝날 무렵에 세상을 떠났습니다. 그는 당시 세계 최고의 부자이자 가장 유명했던 사람입니다.

포드는 농부의 아들로 태어났지만 농업에는 전혀 뜻이 없었습니다. 포드는 아버지의 농장에 대해서 "오로지 기억나는 것은 사랑하는 어머니뿐이었다"고 말합니다. 포드의 아버지는 10대인 포드에게 회중시계pocket watch를 사주었습니다. 포드는 시계를 이리 만지고 저리 만지고 부수고 조립하기를 수도 없이 하더니 인근에서 아무도 따를 수 없는 시계 수선공이 될 정도가 되었습니다. 엔지니어의 자질을 타고난 것이죠.

포드는 일요일마다 무려 네 시간을 걸어서 교회에 다녔는데 이 경험에서 그는 아마도 자동차의 필요성과 특히 농민들에게 자동차를 공급해야 하겠다는 생각을 한 듯합니다.

포드는 발명왕 에디슨이 경영하는 회사에서 두각을 나타냅니다. 그는 에디슨의 지원 하에 엔진 개발에 몰두하고, 이를 바탕으로 자동차 회사를 설립하여 자동차 왕으로 우뚝 서죠. 이 사실은 아마 여러분이 더 잘 아시리라 생각됩니다.

1914년 포드는 생산비를 줄이고 효율성을 극대화하기 위해 자신의 강력한 지도 아래 직원들과 함께 저 유명한 조립 라인을 도입합니다. 이것은 생산의 동시화, 부품의 표준화로 이어집니다. 이로써 자동차의 가격이 현저히 떨어집니다. 동시에 포드는 노동자에게 다른 기업의 두 배가 넘는 임금을 지급함으로써 세상을 놀라게 합니다. 당시 노동자들은 이합집산이 심했는데 높은 임금으로 인하여 노동자들의 이탈이 없어지고 숙련공들이 증가하여 생산성이 오히려 크게 향상됩니다. 재교육 비용이 현저히 줄어든 것이죠.

1918년에 이르면 미국 자동차의 절반을 포드 자동차가 차지했다고 합니다. 바로 '중산층의 나라', '자동차의 나라 미국'이 탄생한 것입니다. 이것을 이끈 리더가 바로 포드였습니다. 그래서 사람들은 "포드 이전의 미국과 포드 이후의 미국은 서로 상상하기가 어렵다"고들 합니다. 이것이 포드의 성공 이야기입니다.

최근 포트폴리오닷컴이 경영대학원 교수들과의 협의를 통해 '가치 창출과 파괴, 혁신, 경영 기술' 등을 고려해 역사상 최고의 경영자를 가려 보았습니다. 그 결과 20위까지 매긴 순위에서 현대적 자동차 조립 라인의 아버지로 불리는 헨리 포드가 1위를 차지했습니다. 즉 미국의 역사상 최고 CEO는 헨리 포드 회장이라는 말입니다. 한국에 이병철, 정주영 회장이 있다면, 미국인에게는 헨리 포드 회장이 있는 것이죠.

그러나 이 정도라면 제가 굳이 특강까지 할 필요는 없을 것입니다. 포드는 단순히 성공한 경영자가 아닙니다. 포드는 테일러보다 더 심오한 사회사상가였습니다. 세계 그 어느 위대한 사상가도 포드가 행한 만큼 하지 못했고, 그 어느 사상가의 이론도 사회주의, 자본주의 할 것 없이 앞을 다투어 도입하려고 했던 사례는 없습니다.

포드에게는 시대를 읽어 내는 통찰력과 시대를 앞서가는 혜안이 있었습니다. 경영자로서 성공하기 위해서는 잘 보아야 합니다. 남들이 보지 못하는 것을 볼 수 있는 안목이 중요합니다. 즉 눈앞의 것만 보아서는 안 되고 눈 밖의 것을 보아야 합니다.

무엇보다도 경영자는 시대의 흐름을 읽어야 하죠.

사실 우리가 말하는 자본주의는 엄밀한 의미에서 포드주의, 즉 포디즘Fordism을 말합니다. 포드는 조립 라인으로 대량 생산을 달성합니다. 그리고 이를 통하여 노동생산성을 극대화하여 노동자에게 고임금을 지급함으로써 광범위한 중산층을 만들고 당시 최고가 제품인 자동차를 값싸게 공급하여 대중화하는 데 성공합니다. 이것이 전후 자본주의의 가공할 만한 성장과 풍요를 가져다 준 것입니다. 물론 이후의 자본주의는 자원의 낭비와 수요의 부족이라는 다른 문제가 나타나서 상당한 기간의 조정기를 거치고 있기는 합니다.

이를 보면 확실히 포드주의는 자본주의의 하드웨어임이 분명합니다. 쉽게 말해서 자본주의니 자유민주주의니 하는 추상적이고 모호한 관념이나 상부구조를 지탱하는 거대한 하부구조가 바로 포드주의라는 말입니다.

그러나 깊이 들여다보면 포드주의는 단순한 하드웨어만은 아닙니다. 포드는 원대한 비전을 가지고 있었습니다. 그것은 바로 복지자본주의welfare capitalism의 건설입니다.

포드는 근로 시간을 줄이면서 임금은 다른 회사의 두 배로 올리는 혁명적인 기업 경영을 합니다. 그가 단순히 이윤 극대화에 몰두했다면 이 자리에서 거론할 인물은 안 되었을 겁니다. 당시는 러시아 혁명이 일어나고 사회주의 세력이 전 세계적으로 활동하던 시기였습니다. 미국도 예외는 아니었죠. 그가 월스트리트의 극심한 비난 속에서도 노동자들에게 고임금을 지급한 것도 바로 복지자본주의, 즉 복지국가 건설의 엔진이 되겠다는 원대한 목표를 가졌기 때문입니다.

대량 생산 체제를 구축하여 이룩한 엄청난 기업 이윤을 노동자들과 함께 나눔으로써, 그는 미국이 중산층의 나라가 되게 하는 데 결정적인 기여를 하게 됩니다.

그는 스스로 도덕적으로 모범을 보이면서 직원들의 사생활도 건전하게 하기를 요구했습니다. 현재의 관점에서 보면 '사생활 침해' 논란이 불가피하지만, 당시 대부분의 노동자들이 근무 후 음주, 도박 등에 월급을 탕진하여 가정이 파괴되는 것을 포드는 묵과할 수 없었기 때문입니다. 가정의 파괴는 결국 회사의 파괴로 이어지고, 그것은 생산성의 파괴로 이어지고, 결국 국가 체제의 위기로 귀결됩니다.

포드가 직원들의 사생활에 개입한 것은 그가 단순히 간섭하기를 좋아해서가 아니죠. 복지국가로 가기 위한 하나의 방법론이었던 것입니다.

이런 점에서 포드는 노조Labor Unions에 대해서 상당히 부정적으로 생각했습니다. 일부 지도자들의 정치적 욕망에 좌우될 수 있다고 본 것이죠. 물론 이 같은 그의 생각이 다 옳다는 것은 아닙니다. 그러나 분명히 그런 요소가 있는 것도 현실입니다.

포드는 당시의 노조 지도자들이 자신의 권력을 유지하기 위해 마르크스-레닌주의에 경도되어 사회를 위기로 몰고 간다고 확고히 믿었습니다. 그리고 자본주의에 다소 문제가 있더라도 사회주의 혁명이 대안일 수는 없다고 믿었죠.

포드는 현재의 사회를 조금 손질하면 얼마든지 좋은 사회를 만들 수 있는데 굳이 혁명을 노래하는 것은 옳은 행위가 아니라고 보았습니다. 포드는 전쟁이나 혁명을 시간 낭비라고 생각했습니다.

포드는 당시 세계 지도자들로부터 많은 존경을 받았습니다. 1938년 히틀러는 포드에게 외국인에게 줄 수 있는 최고의 훈장을 수여합니다. 소비에트러시아(소련)도 앞을 다투어 포드주의 시스템을 도입하여 초기의 많은 문제들에 대한 해결을 시도했죠.

무엇보다도, 포드는 역사적으로 미성숙한 미국의 새로운 이미지를 전 세계에 구현해 갑니다. 이 점을 대부분의 경영학자들이 간과하고 있습니다. 당시까지만 해도 영국이나 프랑스의 세상이었죠. 영국적이거나 프랑스적인 것이 '선진화'의 상징이었습니다.

당시 미국은 스스로도 세상을 경륜할 만한 능력을 가진 나라라고 인식하지 못했습니다. 실제로 미국은 제1차 세계대전 이후 쇠락한 영국을 대신할 것을 종용받았지만 그럴 능력이 없다고 스스로 믿었습니다. 그러나 '포드주의'가 미국 정부에 앞서 세계의 생산과 경영 방식을 주도합니다. 자본주의는 물론이고 사회주의자들도 포드주의를 수용하지 않으면 안 된다는 절박감을 가지고 있었기 때문입니다. 그러니까 향후 나타나는 '미국이 주도하는 세계 질서' 이전에 하드웨어로서 이미 세계를 주도한 것이 포드주의라는 것입니다.

포드야말로 성공적인 아메리카니즘의 본질the essence of successful Americanism입니다. 이런 점에서 포드는 보다 실질적인 의미에서 자본주의의 수호자인 셈입니다. 그러니까 제2차 세계대전 후 엄청난 풍요를 구가한 자본주의를 기반으로 한 자유민주주의의 위대한 설계자가 바로 포드라는 말입니다. 바로 이 점에서 포드가 위대한 사회사상가라는 겁니다.

실제로 미국은 무력으로 세계를 지배하기 이전에 이미 두 사람의 영웅, 즉 테일러와 포드를 통해 세계를 지배하고 있었던 셈입니다. 그들은 보다 실질적인 의미에서 자본주의와 자유민주주의의 건설자였던 셈이죠. 물론 '미국에 의한 세계 질서'라는 것에 제가 가치판단을 하고 싶은 생각은 없습니다. 그러나 문제가 좀 있는 제도를 조금 더 손질하여 훌륭한 사회를 만드는 것이 무리한 사회혁명보다 더욱 가치로운 것은 분명한 일입니다. 왜냐하면 혁명을 통해서 우리는 더 엄청난 희생을 치르고도 그것이 분명히 대안이 되지 못했음을 확인했기 때문입니다.

포드는 세계 평화라는 원대한 비전을 가지고 있었습니다. 그는 세계 평화의 열쇠를 고도 소비 사회의 건설로 파악한 듯합니다. 바로 이 점에서 그는 자본주의와 자유민주주의의 대표적인 수호자였습니다. 그는 이를 위하여 두 가지 방법을 선택합니다. 하나는 포드의 생산 방식을 전 세계에 수출함으로써 전 세계적인 생산성 향상 및 임금 인상을 달성하는 것입니다. 다른 하나는 국제 교역을 확대하는 것입니다. 포드의 생각에 세계 평화는 국제 교역의 확대를 통해서 달성할 수 있다는 것이었죠.

맺는 말

훌륭한 경영자가 되는 길은 멀고도 험합니다. 모든 이론과 인격을 갖추고 있더라도 그것을 실천할 수 있는 경제적 물리적 여건도 맞아야 하기 때문입니다. 제가 이번 강의를 통해 드리고 싶은 말씀은 성공적인 경영도 중요하지만 시대의 흐름을 읽어 내는 안목과 보다 높은 가치를 지향하는 철학을 가지는 것이 더욱 중요하다는 것입니다.

헨리 포드, 테일러와 같은 경영 이론가이자 사회철학자는 되지 못할지라도, 이들처럼 보다 나은 일터, 보다 나은 사회, 보다 안정된 나라를 만들기 위해 노력합시다. 어설픈 강의가 조금이라도 도움이 되었는지 모르겠습니다.

다시 한번 이 자리에 저를 불러 주셔서 감사드리고 다음에 또 다시 더욱 바람직한 친교의 장을 마련할 수 있기를 바라 마지않습니다. 긴 강의 들어 주셔서 감사합니다.

부경대학교 최고경영자과정 특강(2009년 10월 28일)

성공하는 경영자의 조건

산업혁명의 기수, 철도

안녕하십니까. 동양대학교 총장 최성해입니다. MBA 과정이 시작된 것이 엊그제 같은데 이렇게 수료식에서 다시 뵙게 되어 말할 수 없이 고맙습니다. 바쁘신 와중에 한 주에 여덟 시간씩 장장 여섯 달 동안 서로 토의하고 연구하신 철도 간부 여러분들의 노고에 감사드립니다. MBA 과정을 무사히 마칠 수 있도록 애써 주신 대학원장님과 교수님들, 직원 선생님들께도 깊이 감사드립니다.

잘 아시는 바와 같이 철도는 산업혁명의 기수였습니다. 현재는 다양한 교통 수단이 있어서 철도에 대한 의존도가 다소 떨어진 감은 있습니다만 그래도 철도야말로 이 시대의 빼 놓을 수 없는 산업이라고 할 수 있습니다. 특히 통일한국 시대에 철도는 중요한 역할을 할 수 있는 교통 수단이라고 생각합니다.

초기의 철도인들은 철도야말로 국가 발전의 원동력이라는 자부심으로 살았습니다. 일본의 유명한 영화인「철도원」을 보면 당시 철도인들이 가진 자부심이 얼마나 대단한 것이었는지를 알 수 있습니다. 가족을 떠나 온갖 험지險地를 마다하지 않고 오직 국가의 발전을 위해 헌신한 사람들의 이야기가 감동적으로 다가옵니다. 바로 여러분들의 이야기입니다.

저는 풍기에서 출발하여 서울과 평양을 거쳐 블라디보스토크와 우리 민족의 시원지始原地로 알려진 바이칼 호수를 지나 모스크바를 경유하여 베를린, 파리로 가는 철도 여행을 꿈꾸어 왔습니다. 그날이 오기를 저는 늘 고대하고 있습니다. 제 생각으로는 아무리 세월이 흘러도 안전한 철도가 가지는 위상은 큰 변화가 없을 것이라 생각합니다. 철도는 의미 있는 국가 자산의 하나이기 때문입니다.

저는 원래 '훌륭한 리더십'이라는 주제로 강의하게 되어 있었지만 제 자신의 경험과 느낀 점을 이야기하는 것으로 이를 대신하고자 합니다. 사실 제가 리더십에 대해서 말할 자격이 있는지는 잘 모르겠습니다만 제가 대학을 경영해 오면서 저 자신에게도 아쉬운 일이라든가 후회하는 부분을 중심으로 이야기하려고 합니다. 그러니 가벼운 마음으로 들어 주시기 바랍니다.

리더십에 왕도는 없다

여러분들은 지금까지 리더십에 대하여 식상할 정도로 많은 이야기를 들어 오셨을 것입니다. 어떤 서점에 가든 가장 많은 책 중에 하나가 리더십에 관한 책입니다. 그래서 저는 잘 아는 바도 없지만, 좀 다른 방향에서 리더십에 대한 이야기를 해볼까 합니다.

리더십을 연구하는 학자에 의하면, 리더십에 대해서는 850여 가지 이상의 정의가 있다고 합니다. 그러나 "성취하고 싶은 일을 다른 사람이 원해서 하도록 만드는 기술"이라는 아이젠하워 전 미국 대통령의 정의가 리더십의 본질이 아닐까 합니다.

뛰어난 경영자는 슈퍼맨이나 스파이더맨처럼 불가능한 일들을 맨손으로 척척 해내는 영웅이 아닙니다. 게다가 모든 상황과 시대를 관통하는 리더십의 전형이 있는 것 또한 더욱 아닙니다. 세계적인 경영 석학인 피터 드러커도 "모든 환경에 들어맞는 리더십 역량이란 존재하지 않는다"고 했습니다. 드러커의 생각은 '만능의 리더가 있기보다는 시시때때로 변화하는 시대에 상응하는 최적의 리더와 리더십이 있을 뿐'이라는 의미로 생각할 수 있습니다.

태초에도 그 시기에 상응하는 리더가 있었을 것입니다. 비단 인간 사회뿐 아니라 동물의 사회에서도 리더십은 매우 중요한 문제이기도 합니다. 우리가 여기서 주목해야 할 부분은, 현대의 '기업'이라는 조직 사회에서 가장 중요한 자원은 인적자원이라는 것입니다. 그런데 인적자원을 다스리는 존재 역시 경영자라는 이름의 '인간'입니다. 고도로 발달된 현대 문명이라 할지라도 사람이 아닌 컴퓨터가 인적자원을 제대로 관리하기는 어려운 일입니다. 사람은 수학이나 과학 공식을 다루듯이 계산에 따라서 대응할 수만은 없는 감성적인 특성이 있기 때문입니다.

이렇듯, 리더십은 기업의 존속을 위해 필요한 인간에 의한, 인간을 위한 과제입니다. 저 자신도 이 문제가 가장 어려운 문제입니다. 인사人事가 만사萬事라고 하지 않습니까? 그러면 훌륭한 리더십이란 과연 무엇일까요?

성공하는 리더의 여섯 가지 조건

리더십을 몸에 익혀야 할 덕목으로 생각하고, 우리의 몸을 어떻게 건강하고 행복하게 유지시키는가에 대한 이야기로 리더십이라는 골치 아픈 문제에 접근해 볼까 합니다.

첫째는 눈eye입니다. 눈은 수많은 상황, 수많은 사람, 우리가 걸러 내기 벅찬 많은 정보를 즉각적으로 전달하는 역할을 합니다. 우리가 본 많은 것들은 미처 수용되지 못하지요. 그래서 잔상들만 남는 경우가 많습니다. 이 잔상들을 무시하지 맙시다.

경영자로서 성공하기 위해서는 잘 보아야 합니다. 남들이 보지 못하는 것을 볼 수 있는 안목이 중요합니다. 즉 눈앞의 것만 보아서는 안 되고 눈 밖의 것을 보아야 합니다. 눈을 보면 그 사람의 마음도 볼 수 있다고들 합니다. 우리는 열 마디 유수流水 같은 말보다 한 번의 강한 눈빛이 때론 더 설득력 있다는 것을 알고 있습니다. 그래서 눈은 '마음의 창'이라고 하지요.

무엇보다도 경영자는 다른 사람의 마음을 읽어 낼 수 있는 눈을 가져야 합니다. 나아가 자신의 확고한 비전을 강한 눈빛을 통해 그들에게 비추어 줄 수 있어야 합니다. 유명한 강철왕 카네기는 당시의 엔지니어나 경영자들이 제철 공정을 경험이나 감각으로 진단하는 것을 유심히 보았습니다. 한마디로 비과학적인 것이지요. 그래서 카네기는 처음으로 아예 화학자를 고용하여 화학물질을 이용한 과학적인 방법을 시도하여 큰 성공을 거두었습니다. 나아가 카네기는 동업자들은 품질이 좋다고 알려진 산을 비싸게 사고 있을 때 남들이 돌보지 않는 이름 없는 산에서 채석된 광물을 사들입니다. 비싼 광석보다는 일반 광석에 더 많은 이익이 있다는 것을 알았던 것이지요. 카네기가 가장 성공한 경영인이 된 것은 그 탁월한 안목 덕분이었습니다.

카네기는 또 독특한 면접 시험으로 유명합니다. 그는 예쁜 고급 포장지에 선물을 넣고 난 뒤 면접자에게 풀어 보게 했다고 합니다. 그러면 대개는 온갖 정성을 다하여 그 포장지를 푸는데, 그러면 실격이라는 것이죠. 아무리 포장지가 고급스럽고 예쁘다고 한들 중요한 것은 내용물이며, 이 바쁜 시대에 그렇게 포장지를 뜯어서는 생존하기가 곤란하다는 것이겠죠. 물론 디자인이 중시되는 요즘에는 또 달라지겠지요.

둘째는 코^{nose}입니다. 코는 냄새를 맡죠. 경영자의 코는 기업 내·외부의 환경 변화에 민감해야 합니다. 요즘같이 정신없이 변화하는 시대에는 1분 1초마다 다른 냄새가 바람을 탑니다. 이 많고 다양한 바람을 잘 구분하여 냄새를 맡지 못하면 기업은 도태되고 썩은 냄새를 풍기게 됩니다. 경영자는 항상 신선한 향기가 기업에 머무를 수 있도록 환경 변화에 민감한 코를 가져야 합니다.

K마트는 미국 최초로 할인점 개념을 도입한 유통 업체로 1980년대 중반까지 거의 100년 동안 할인점 업계 부동의 1위 자리를 유지했습니다. 그러나 1991년 월마트에게 매출 1위 자리를 넘겨 주면서 쇠락하기 시작했습니다. 결국 2002년 법원에 파산 신청을 냈습니다.

월마트는 혁신 전략을 사용함으로써 K마트의 아성에 도전한 것인데 K마트는 이 변화의 냄새를 맡지 못한 것이죠. 월마트는 업계 최초로 자동 발주에 의해 납품 업체가 납품하는 IT 기반의 첨단 물류 시스템 구축을 통해 도전했는데, K마트는 이에 둔감했던 것입니다.

이처럼 경영자가 시대 정신이나 패러다임이 바뀌어 가는 냄새를 맡지 못하여 그 대응에 적극적이지 못하면, K마트와 같이 기업을 파산으로 몰아가게 됩니다. 그러므로 기업의 안팎에서 불어 오는 새로운 향기를 잘 맡는 것이 매우 중요할 것입니다.

셋째는 입mouth입니다. 입안에는 말을 하는 혀가 있습니다. 경영자는 삼킬 때와 뱉을 때를 알아야 합니다. 삼킨 것은 끝내 함구할 줄 알아야 하며, 뱉을 것에는 확신이 있어야 하며, 뱉은 것에는 책임을 져야 합니다. 그리하여 기업의 내외부로부터 신뢰를 얻는 사람이 되어야 합니다.

단호한 언변에 대한 대표적인 사례가 정주영 회장입니다. 현대는 주변의 우려와 비웃음 속에서 조선 사업에 뛰어들었습니다. 프랑스와 스위스 은행에 4,300만 달러의 대출을 요구했지만, "쪽배도 만든 경험이 없는 회사에 어떻게 돈을 내줄 수 있느냐"며 일언에 거절당합니다. 결국 런던 바클레이 은행으로 날아간 정주영 회장은 회의적인 태도를 보이는 은행 대표 측에게 500원짜리 지폐를 꺼내어 거북선을 보여 주며 이렇게 말합니다.

　　"배가 뭐란 말이요? 안에 엔진이 있고 밖은 철강으로 만들어진 것인데, 한국은 이미 16세기에 철갑선을 만들었습니다. 그러나 영국은 그런 배를 19세기에나 만들었다는 사실을 잊으셨습니까?"

　정주영 회장의 확신에 찬 단호한 어조에 은행은 대출을 했고, 이것이 한국이 세계 최대의 조선 강국이 되는 밑거름이 되었습니다. 이것은 경영자가 언변이 뛰어나야 한다는 것을 단적으로 보여 주는 사례입니다. 그렇지만 이에 못지않게 경영자들은 말을 아껴야 합니다. 세계 최고의 중국 상인들이 중요시 하는 최고의 덕목 가운데 하나는 양고약허良賈若虛 즉 "정말 훌륭한 상인은 아무것도 없는 듯이 행동한다"는 말입니다. 사업상의 중요 기밀은 철저히 함구한다는 의미가 있습니다.

전 세계 브랜드 가치 부동의 1위를 달리는 코카콜라의 제조법은 120년간 극비 사항으로 알려져 있습니다. 제조법이 담긴 문서는 애틀랜타 본사 금고에 보관돼 있고 오직 경영진 두 명만이 접근할 수 있다고 합니다. 그리고 이 두 사람은 결코 함께 같은 비행기에 타는 법이 없다고 합니다. 한 사람이 해외 출장을 가면 한 사람은 회사를 지키는 식으로 비밀을 유지하는 거죠.

이것을 통해 기업을 경영할 때 자랑하고 싶은 것일수록 오히려 절대 드러내지 않아야 한다는 것을 알 수 있습니다. 경영자는 때로는 칼보다 날카롭고 때로는 천금보다 무거운 혀를 가져야 합니다.

넷째, 귀ear입니다. 저는 경영자들은 귀가 얇아야 한다는 말을 감히 드리고 싶습니다. '귀가 얇다'는 말이 반드시 부정적이지는 않다고 봅니다. 중요한 결정을 하기 전에는 최대한 귀가 얇아야 합니다. 즉 결정에 앞서 귀는 얇아야 하고 결정은 단호히 해야 한다는 말입니다. 그만큼 의사결정을 하기 전까지 경영자는 주변의 소리에 귀를 열어 두고 많은 의견을 잘 들을 필요가 있다는 말입니다.

『정관정요』는 당태종과 신하들 간에 주고받은 대화 형식의 정치 문답집입니다. 당 태종은 중국의 제왕 중에서 으뜸가는 군주로 꼽힙니다. 『정관정요』에는 리더십과 관련하여 다음과 같은 말이 실려 있습니다.

첫째, 부하의 의견에 귀를 기울여라.

둘째, 지도자가 모범을 보여야 한다.

셋째, 초심을 유지하라.

넷째, 인내심을 가져라.

다섯째, 겸허하게 행동하라.

여섯째, 발언을 신중하게 하라.

당태종은 신하의 말에 귀 기울인 대표적인 군주입니다. 이 분야에서는 가장 모범적인 군주라고 할 수 있습니다. 자신을 심하게 비판하는 말에 기분 좋을 사람은 없을 것입니다. 특히 세상의 주인으로 자처할 정도의 권력을 가진 사람이라면 더욱 그러할 것입니다. 그런데도 당태종은 평생 겸허한 자세로 신하들의 의견을 들었다고 합니다. 이런 당태종도 때로 "간언하는 신하들을 죽이고 싶었다"고 고백한 적도 있습니다. 다른 사람의 의견을 듣는다는 것이 그만큼 어려운 일이라는 얘기지요. 그래서 당태종이 훌륭한 경영자입니다.

저는 여기서 비판이나 훌륭한 간언만이 중요한 것은 아니라는 말도 하고 싶습니다. 좋은 비판이나 간언보다는 제대로 된 대안을 제시해 주는 신하가 정말 훌륭한 신하라는 것이지요. 어떤 일이든 관례대로 진행되는 것은 나름대로 속사정이 있기 때문입니다. 그러니 비판과 간언도 중요하지만 보다 훌륭한 대안을 제시하여 문제들을 해결하는 것이 더욱 회사의 성공에 직결된다는 것이지요.

다섯째, 손hand입니다. 우리의 손은 뜨겁고 찬 것을 구별하고, 부드럽고 딱딱한 것도 구분합니다. 경영자는 손을 잘 다루어야 합니다. 회사에 필요한 인재도 그의 노련한 손으로 잘 재어 보고 집어 내야 하고, 파트너 회사를 물색할 때도 무거운지, 가벼운지, 약한지, 강한지를 파악하고 결정해야 합니다. 다만 중요한 것은 우리의 손은 재어 본 것들을 정확한 수치로 표시할 수 있는 '자'나 '저울'이 아니므로 수시로 다시 재어 보고, 살펴보아야 한다는 것입니다.

예컨대, 우리가 뜨거운 커피 한 잔을 받아도 처음엔 컵이 아주 뜨거운 듯하지만, 얼마 지나지 않아 미지근해집니다. 풍선도 처음엔 탄탄하지만 시간이 지날수록 흐물흐물해지듯이 기업도 마찬가지입니다. 현재 기업이 진입하려는 시장이 뜨거운 시장인지 식어 버린 시장인지, 채용하려는 인재가 탄탄한 인재인지, 바람 빠진 흐물흐물한 인재인지, 또 미래에는 어떻게 변화할 건지를 감지해 낼 수 있는 손이 필요합니다.

여섯째, 가슴heart입니다. 경영자는 넓은 가슴을 가져야 합니다. 때로는 아랫사람의 잘못을 너그럽게 용서할 줄 알아야 합니다. 아랫사람의 힘든 상황을 먼저 짚어 줄 수도 있어야 합니다. 이 부분에서 가장 모범적인 사람은 조조曹操입니다. 조조는 분열된 중국의 대부분을 통일했으며 중앙집권제를 강화했고, 둔전제屯田制를 시행해 국가 경제를 살리고, 모범적으로 인재를 등용한 군주로 중국사 전체에 매우 큰 영향을 미친 사람입니다. 그러나 제 입장에서 이보다 더 중요한 것은 조조의 넓은 마음입니다.

조조는 『삼국지』시대의 최대 통일 전쟁이었던 '관도대전'에서 원소와 대치합니다. 원소의 군대는 10여 만이었는데 조조의 군대는 2만에도 미치지 못했습니다. 그러니 불안해진 조조의 참모들이 많은 밀서들을 보내 스파이 노릇을 했다고 합니다. 당시는 보복이 워낙 극심했기 때문에 원소가 승리했을 경우를 대비한 것이지요. 심각한 반역 행위였습니다.

영명한 조조는 결국 원소의 대군을 궤멸시키고 원소의 대본영을 점령합니다. 그런데 조조는 원소의 부대를 점령하고 난 뒤어쩐 일인지 원소의 기밀 서류를 모두 불태워 버립니다. 이 편지들에는 조조 휘하의 사람들이 은밀히 원소와 내통한 편지들도 여럿 있었죠. 역사서에 따르면 이때 사람들이 의아해하면서 이를 말리려 하자 조조는 이렇게 말했다고 합니다.

"원소가 얼마나 막강한 군대를 가지고 있었나? 나도 마음을 수습하기가 어려웠는데, 하물며 다른 사람들이야 오죽했겠는가?"

이렇게 조조는 혹시 있을지 모를 부하들의 과오를 덮어 줌으로써 새 정부에 참여하기 쉽게 해준 것이죠. 정치가로서 조조의 도량이 얼마나 큰지를 짐작할 수 있습니다. 저도 본받고 싶은 사례가 아닐 수 없습니다. 왜 우리나라에는 이런 정치가가 나오지 않을까요?

마지막으로는 발foot이 있습니다. 아무리 훌륭한 생각이 있고 뛰어난 아이디어가 있다고 해도 방 안에 가만히 앉아 있다면 의미가 없습니다. 그것을 실행할 수 있는 발로 뛰는 부지런함과 적극성이 있어야 할 것입니다. 미개척지로의 험난한 길을 처음 걸어 갈 수 있는 용기와 모험심이 필요한 것이죠.

리더십이라는 것의 실체를 저는 잘 알지 못합니다. 다만 제가 매일 보고, 느끼고 생각하는 부분들을 중심으로 저의 생각을 말씀드리고자 했을 뿐입니다. 제가 드린 말씀 가운데는 제가 그렇게 하고 있다는 것보다는 저도 계속하여 그렇게 되도록 노력하겠다는 뜻도 많이 포함되어 있음을 말씀드립니다. 훌륭한 경영자가 되는 길은 멀고도 험합니다. 모든 이론과 인격을 갖추고 있더라도 그것을 실천할 수 있는 경제적·물리적 여건이 맞아야 하기 때문입니다. 여러분이나 저나 보다 나은 일터를 만들기 위해 노력합시다.

　다시 한 번 힘든 과정을 무사히 마치신 여러분들의 노고에 감사드리고 다음에 또다시 저희 대학이 여러분들을 모실 수 있는 기회를 가질 수 있기를 바랍니다. 여러분, 긴 강의 들어 주셔서 감사합니다.

2006년 코레일 MBA 수료 축하 강연(2006년 12월 6일)

선비정신의 현대적 의미

선비와 선비정신의 의미

선비의 뜻을 사전에서 찾으면 학식은 있으나 벼슬하지 않은 사람, 학덕을 갖춘 사람을 예스럽게 일컫는 말, 어질고 순한 사람을 비유하여 이르는 말로 표현되고 있다. 선비는 사士와 유儒로 통칭되는데 어원적으로는 "학식과 인품을 갖춘 사람"에 대한 호칭이다. 옛날에는 선비가 되려면 시詩, 서書, 예禮, 락樂, 역易, 춘추春秋의 육예六藝에 대해서 어느 정도 소양을 갖추고 있어야만 했다.

선비라는 말은 남의 본이 되어 높임을 받는 사람을 가리킨다. 선비는 지식을 갖추어 글을 쓰고 교육을 존중할 뿐 아니라 몇 가지 덕성을 갖추어야 했다. 첫째, 명분을 찾고 지킬 줄 알아야 했다. 언동과 판단을 유교의 원리에 맞도록 해야 했고 원리와 원칙과 도덕률을 지켜야 했다. 둘째, 지나친 물욕을 절제해야 했다. 셋째, 풍류를 알아야 했으니 취미를 갖고 운치를 이해하는 것이 바람직한 것으로 여겨졌다. 또한 선비는 현실 정치에도 의견을 펴는 사람이라고 볼 수 있다. 현실의 정치 질서 속에서 올바른 인간관계를 세워 자기의 자리를 얻게 하자는 것이 유교의 기본 가르침이며 선비는 이를 위해서 다만 배우는 것에 만족할 뿐 아니라 나아가서 지역이나 국가의 일에 나서야 했다.

우리의 문화적 전통이 곧 선비문화이며, 선비문화를 이룩한 동력이 선비정신이다. 널리 배우고 깊이 있게 사색하여 정리, 분석, 재음미해서 객관적인 지식의 체계를 쌓아 진리에 접근해 가고 이것을 통해 사물의 이치를 밝히며 배워 익힌 바를 성실히 실천하는 것이 선비의 길이다.

선비정신이란 인격의 완성을 위해서 끊임없이 학문과 덕성을 키우며 대의를 위하여 목숨까지도 버릴 수 있는 지조의식志操意識을 말한다. 우리 민족의 선비정신은 인격의 수양을 통한 도덕적 귀감의 제시와 애국 충절과 같은 사회적 기능을 함께 추구하였다. 선비의 절대적 충의, 지조 정신은 우리 역사에서 을파소, 박제상, 정몽주 같은 인물들에게서 잘 나타나고 있다. 이러한 선비정신의 사회적 기능을 강조한 전통은 임진왜란, 병자호란 등으로 국가가 위험에 처할 때 의병을 일으키는 모습으로 잘 나타나고 있다.

한 사람이 선비로 불리려면 그는 오랜 세월의 학문적 수양을 통해서 고매한 인격을 갖추고 있어야 했다. 선비정신의 함양은 경전을 공부하고 의례를 실천하는 것으로서 이루어졌다.

선비정신의 현대적 구현

선비는 한국의 대표적인 정신, 우리의 대표적인 인간상, 나아가 한국이 지향하는 적극적인 인간상으로 이 시대의 대안이 될 수 있다. 선비는 더 이상 과거의 인물이 아니라 새롭게 제시되고 합리적인 교육 이념에 따라 적절하고 타당한 방식으로 교육되어 새로운 시대를 열어 나갈 현재와 미래의 인물이다.

선비정신은 우리 사회의 정당성을 부여하고 역사를 의롭게 이끌어 가려는 지성과 정의를 내포하고 있다. 선비의 기질 속에서 오늘날에도 취할 수 있는 것이 있다고 볼 수 있다. 첫째는 명분과 원칙에 대한 존중과 집착이다. 그들이 지키려고 했던 명분과 원칙 자체만이 문제가 아니라 자신을 희생하면서까지 그 것을 지켜 나가려고 했던 신념과 실천이 중요한 것이다. 둘째 는 이해에 얽매이지 않고 타산만 따지는 이기주의에 사로잡히 지 않는 생활 태도이다. 그것은 물욕의 억제와 검박한 생활 태 도의 존숭, 그리고 이해타산을 넘어선 인간관계에서 비롯한다. 셋째는 사명감이다. 곧 그들은 이 세상의 스승이자 도덕과 윤리 의 수호자로 나서서 나라와 백성을 사랑하고 돌보며 지키는 것 을 사명으로 삼았다. 선비의 이러한 측면은 오늘날의 지식층에 게 계승될 수 있으며, 전통 속에서의 이러한 측면은 한결 북돋 아져야 할 것이다.

　선비정신은 우리가 물려받고 있는 직접적인 문화유산으로서 우리 역사의 지식인이자 사회 주도 계층의 사상으로서 오늘날 에도 뜻하는 것이 많다고 할 수 있다. 특히 근검정신, 투철한 교 육정신, 전통문화 수호정신 등은 오늘날의 우리에게도 배울 점 이 많다고 하겠다. 선비정신에 입각해 덕을 중시하고 인성교육 을 강화하여 새로운 가치관을 정립하고 현재에 걸맞은 패러다 임을 이루어 나가야 할 것이다. 학문을 중시하여 이利보다는 의義 를 존중하며 청렴하고 검소한 생활을 하고, 예절 바르고 품위 있는 몸가짐을 하면서 실력을 향상하는 것이 오늘날에 선비정 신을 되살리는 길이 될 것이다.

선비정신은 현재와 미래의 우리 사회에도 유효한 사회적 가치체계이자 패러다임이다. 선비사상은 현대 사회의 제문제를 명쾌하게 해결해 나아가기에 충분한 사상이며, 미래 사회 건설에도 이바지할 수 있는 가치 사상이기도 하다.

선비에 대한 단상

선비라는 말은 한국에서 가장 많이 쓰이는 말 중 하나다. 나는 동양대학교를 설립하는 과정에서 우리 교육이 입시 위주로 고착화되어 인성교육의 문제가 심각하게 대두되었음을 인식했다. 이에 현대적 개념의 선비정신에 따라 타 대학과는 차별화된 인성교육을 실시하여 많은 이들의 호응을 얻었다. 교내에 전통 건축의 아름다움을 재현한 '인성교육관'을 만들어 사회 각계각층의 모범적인 인사들을 초빙하여 선비정신으로 무장한 인재를 기르는 데 역점을 두고 있다.

그리고 한국 최초의 서원이자 선비정신의 태반인 소수서원의 학통을 잇겠다는 나름의 교육철학을 가지고 있었기 때문에 선비정신에 대해 많은 관심을 가지고 이리저리 알아도 보았다. 그러다 놀랍게도 '선비'라는 말은 우리 고유어 또는 북방의 고유어로 원래는 유교적인 것이 아니라는 것을 알게 되었다.

선비는 사대부士大夫에서 사士에 해당되는 통칭으로, 학식은 있으나 벼슬을 하지 않는 사람을 예스럽게 일컫는 말이라고 한다. '선비'라는 말을 어원적으로 살펴보면, '어질고 지식 있는 사람'을 뜻하는 말에서 왔다고 한다. 선비의 '선(선)'은 몽골어의 '어질다'는 말인 '사잇sait'이 변형된 'sain'과 관련되어 있고 북방어에서 '지식 있는 사람'을 뜻하는 '박사'의 변형에서 온 말이라고 분석하기도 한다.

무속 전문가인 서정범 교수는 샤먼Shaman이란 만주어의 사만 Saman(巫)에서 나온 말이고, 현재 우리가 사용하는 '삼신할머니'의 '삼'도 이 말에서 나온 것이라고 한다. 즉 말을 의미하는 샅Sat을 명사형으로 만든 말이 바로 삼(舌) 또는 말씀이 된 것이라고 한다. 결국 샤먼은 신어神語를 전할 수 있는 능력자라고 하는 뜻을 지니고 있는 말이라고 한다. 이 말에서 순 한국어인 '스승'이라는 말도 나왔을 것으로 보고 있다. 따라서 선비는 샤먼에서 나온 개념으로 보는 것이 타당할 것 같다. 샤먼은 북방에서는 최고의 지식인으로 인간과 하늘을 연결시키는 중요한 역할을 하는 사람이다.

신채호 선생은 '소도의 제단 앞에서 맹세를 올리는 젊은이'를 선비라고 하였다. 즉 소도蘇塗는 우리 민족이 하늘에 제사 지내던 신성한 장소였는데 이 의식의 주관자가 바로 선비였다는 것이다. 이를 보면 선비가 샤먼에서 나온 말이라는 것이 더욱 확연해진다. 다만 이들은 단순히 문文을 숭상하는 것이 아니고 문무겸전의 이상적 인격을 갖춘 사람이었을 것이다. 즉 이들 젊은이는 그 나라와 민족을 보호하고 그 대의를 위하여 목숨을 바치기를 맹세하는 젊은 엘리트들이었다고 할 수 있다.

고대에서 선비의 사례를 꼽자면 고구려의 조의선인皂衣先人이나 신라의 화랑도, 고려의 선랑 등을 거론할 수 있을 것이다. 최치원 선생은 난랑비鸞郞碑 서문에 "우리나라에는 현묘한 도가 있으니 풍류도라 이른다"고 적고 있다.

신채호 선생은 『조선상고사』에서 고구려는 선배 제도의 창설로 강성해졌다고 한다. 사서에는 '선배'를 선인仙人, 조의皂衣 선인, 백의帛衣 선인 등으로 기록하고 있는데 이 선인은 선배의 소리말 '선'이고 인人은 선배의 배를 빌려 쓴 이두문이며 백의니 조의니 하는 말은 무사 모자의 깃을 말한다고 한다.

『삼국사기』에 "선비는 싸움에 당當하여 물러서지 아니한다"고 하는데 이 선비가 바로 선배이자 선인인 무사단武士團에서 유래한 이름이라고 한다. '선배'는 원래 신수두臣蘇塗 교도의 보통 명칭이었는데 태조왕 때에 와서 해마다 3월과 10월 하느님天帝,天神을 모시고 가장 신성한 숲에서 제사를 지냈다고 한다. 온달 장군도 사냥 대회에서 1등을 함으로써 선배로 뽑혔다.

결국 선비란 상고시대에 우리 고유의 고신도를 배경으로 내려온 문무를 겸전한 이상적인 인간상을 말하지만, 고려와 조선을 거치면서 유교 중심주의에 경도되었다.

어떤 의미에서 이 시대는 선비의 본래 의미를 적극적으로 찾아가야 할 시점이 아닌가 한다. 왜냐하면 선비는 한국의 고유의 말로 중국의 군자君子에 비견되는 한국의 대표적인 인간상인데 이 말이 마치 문文에만 경도되어 군자와 같은 개념으로 사용되어서는 안 되기 때문이다.

지난 5,000년의 역사를 돌이켜 보면, 우리 문화가 세계에 한류韓流라는 이름으로 영향을 크게 미치고 있는 경우는 몽골제국 시대의 고려양高麗樣과 현대 한국밖에 없었다. 이 시점에서 선비정신을 보다 적극적으로 해석하지 않으면 안 되는 이유가 여기에 있다.

나 자신의 지난 긴 외국 생활을 돌아보면, 미국인들이나 유럽인들이 한국에 대해서 잘 아는 경우가 드물었다. 예외 없이 그들은 한국은 중국과 일본의 식민지 또는 종속국으로 알고 있었고, 한국의 문화도 중국의 하류 문화쯤으로 인식하고 있는 경우가 대부분이었다.

그래서 나는 외국에 살 때 더욱 한복을 입었고 현관에는 방문 객이 누구나 볼 수 있도록 태극기를 걸어 두었다. 아이들에게도 한국어를 잊어 버리지 않게 하기 위해 집에서는 반드시 우리말을 사용하도록 하였다. 그러면서 한국의 국력 또한 강성하였음을 강조하고 광개토대왕이 이룩한 위업이 지닌 의미를 되살리기 위해 영락회永樂會를 결성하여 지금까지 30여 년을 이어 오고 있다.

현대 경영학의 대부인 마이클 포터는 기업의 경쟁력이 원가 우위와 차별화에서 나온다고 강조한다. 국가 경쟁력도 마찬가지다. 한국 제품들이 경쟁력을 가지기 위해서는 원가 우위와 차별화를 가져야 한다. 한국 제품들은 우리 문화와 정신에 기반을 두고 있고 그 문화는 다른 나라와 분명히 차별적인 요소가 있어야 한다. 우리가 자꾸 짝퉁 중국을 고집하면 우리에겐 미래가 없을 것이다.

이런 각도에서 우리는 선비에 대한 보다 참된 의미를 오늘날에 되살려 세계 문화를 주도하는 나라로 다시 태어나야 한다. 그것이 이 시대 우리에게 주어진 민족적 사명일 것이다.

《선비문화》(2013년)

자연과 더불어 피어나는 삶의 향기

'시조 부흥'의 기치로 이번에 새로이 창간하는 《시조춘추》에 대해서 축하의 말씀을 보냅니다. 《시조춘추》는 시조 짓기 운동을 통하여 우리말과 우리글을 더욱 아름답게 꽃피우고자 하는 '시조문학진흥회'의 오랜 노력의 결실입니다.

흔히 우리는 오래전부터 외국 것, 큰 나라의 것 등을 무턱대고 숭상하고 모방하려는 습성이 있었습니다. 대표적인 것이 성리학입니다. 중국에서는 수백 년 전에 사라진 성리학性理學을 사수하고 집대성하여 국가 이데올로기로 삼았습니다. 그 결과 우리 정체성은 온 데 간 데 없고 결국은 '소중화小中華'라는 시대착오적인 논리에 빠져 나라는 식민지로 전락하고 말았습니다. 아직까지도 우리는 이 같은 불명예스러운 유산을 청산하지 못하고 있습니다. 이런 시점에서 '시조문학진흥회'의 역할은 매우 중요합니다.

'나를 아는 것'은 모든 문화 발전의 초석입니다. 진부한 말이지만 "가장 한국적인 것이 가장 세계적인 것"으로, 자기 것을 아는 것이 남의 것을 아는 지름길입니다. 한시漢詩만 베끼고 앵무새처럼 반복하여 외운다고 해서 중국을 더 잘 알지는 못합니다. 우리의 노래를 알아야 일본의 '하이쿠俳句'나 한시漢詩, 영시英詩 등을 더 잘 알 수 있는 일입니다.

우리 문학은 유구한 역사와 전통을 가지고 있습니다.「향가鄕歌」,「가사歌詞」,「시조」는 모두 우리 문학의 금자탑입니다.『관동별곡關東別曲』에 나타난 우리말의 아름다움은 오늘날 그 어떤 현대 문학 작품에도 뒤지지 않습니다. 그동안 이 아름다운 우리말을 가꾸고 다듬은 것은 시조였습니다. 시조는 향가와 함께 천년 이상 우리 민족의 얼과 정서를 담아 왔습니다. 특히 시조는 향가 이후 오늘에 이른 유일한 민족문학으로, 시조의 역사가 곧 한국 시가의 역사라 할 만큼 우리 민족의 성정에 가장 맞는 양식입니다. 하지만 이 찬란한 전통도 그것을 읽고 연구하려는 노력이 지속될 때만 결실을 맺을 수 있을 것입니다. 오늘날에도 사람의 입에 오르내리는 노래야말로 전통 노래로서의 참다운 가치를 가질 수 있을 것입니다. 이 점에서 '시조문학진흥회'는 참으로 든든한 겨레의 동반자라고 하겠습니다.

동양대학교가 자리하고 있는 영주·풍기 지역도 과거 안축安軸, 이황李滉, 주세붕周世鵬, 황준량黃俊良 등 이름 높은 학자들에 의해서 시가詩歌 문학이 활짝 꽃을 피웠던 곳입니다. 형형색색 꽃으로 뒤덮이는 소백의 산자락에 위치한 '십승지十勝地'의 으뜸인 이곳에서 우리의 가락이 절로 나옵니다.

이번에 시조 전문지인 《시조춘추》가 창간된 것은 우리 고전 문학의 전통을 오늘에 이어 간다는 의미뿐 아니라 날로 외면당하는 시조문학 애호가들의 저변 확대를 도모한다는 의의가 있을 것으로 생각됩니다. 물론 그보다 중요한 것은 우리말과 글을 더욱 아름답게 꽃피우는 것입니다. 《시조춘추》는 자연과 모든 생명은 하나라는 생명사랑 정신을 담아 소박한 마음으로 조화롭고 평화로운 삶의 향기를 꽃피우게 될 것을 기대합니다.

우리의 문학을 더욱 풍요롭게 하는 데 크게 이바지하게 될 《시조춘추》의 창간을 다시 한 번 축하드립니다. 《시조춘추》의 '우리말 사랑'의 의도와 취지가 계속 이어지기를 바랍니다. 《시조춘추》의 무궁한 발전과 행운이 있기를 기원합니다.

《시조춘추》 창간호(2008년)

한 해를 보내고 또 한 해를 맞으면서

한 해를 보내고 또 한 해를 맞으며 시선^{詩仙} 이백^{李白}의 「장진
주^{將進酒}」를 생각합니다.

> 고관대작의 귀부인이 흰머리를 슬퍼하네
>
> 아침에 삼단 같은 머릿결이
>
> 저녁에 눈같이 희어진 것을
>
> 高堂明鏡悲白髮 朝如靑絲暮成雪

세월은 황하^{黃河}의 거센 물과 같이 흘러가는데, 열심히 살아
도 일들은 산더미처럼 쌓입니다. 하늘이 내게 주신 재주도 반드
시 쓰일 터인데도^[天生我材必有用] 그 끝이 어디인지를 알기가 어

렵습니다. 그래서 "때로는 부디 오래 취하여, 제발 깨지 말았으면 좋겠다[但願長醉不願醒]"라고 생각하기도 합니다.

지금 우리에게는 어려운 시절이 올지도 모릅니다. 그래서 더욱 "음악과 귀한 안주 아끼지 말고[鐘鼓饌玉不足貴]" 취하고 싶은 때도 있습니다.

돌이켜 보면, 지난해는 안타깝게도 유난히도 많은 예술인들이 유명을 달리한 한 해였습니다.

그러나 냉정히 보면 이 같은 비극들은 우리가 우리를 서로 사랑하지 않고, 내가 나 자신을 사랑하지 않기 때문에 생긴 일들입니다. 내가 스스로에게 의미가 없으면, 남에게도 의미가 없는 법입니다. 우리 모든 기억들은 나이테처럼 항상 남아 있습니다. 나쁜 기억들이 많으면 많을수록 삶이 힘겨워집니다.

지금부터라도 우리는 좋은 기억을 만들어 가야 합니다. 우리가 우리를 사랑하는 방법 가운데 하나가 우리의 노래를 불러 보는 것이기도 합니다. 그러나 우리의 노래가 진정 우리의 것이 되려면 세계인의 노래가 되어야 합니다. 저는 언젠가 몽골인이 〈아리랑〉을 부르는 모습을 보고 큰 감동을 받았습니다. 언젠가는 우리의 옛 노래들도 세계인의 노래가 될 수 있는 날이 올 것입니다. 제가 위에서 인용한 이백의 시는 이미 세계적인 문화 콘텐츠이고 일본도 이런 시도를 많이 하고 있는데, 우리는 아직도 많이 부족합니다.

저는 과거 학창 시절에 배웠던 정겨운 옛 노래를 아직도 기억합니다.

연잎에 밥 싸 두고 반찬일랑 장만 마라

닻 올려라, 닻 올려라

무심한 갈매기는 앞서가며 날 따르네.

이 노래, 즉 윤고산 선생의 「어부사시사漁父四時詞」를 처음 읽고 우리의 노래를 가슴으로 벅차게 느낀 것이 이젠 너무 아득하게만 느껴집니다. 그만큼 우리 옛 노래들은 우리 곁에서 멀리 있는 것입니다.

저는 우리 사회가 너무 가벼워져 가고 있어 안타깝습니다. 텔레비전은 온통 가벼운 언어 유희와 오락 프로그램으로 가득 차 있습니다. 더불어 이 바람 저 바람에 흔들리는 이 사회는 너무 위태로워 보입니다. 이런 점에서 2008년 클래식 신드롬을 일으키기도 한 〈베토벤 바이러스〉라는 드라마는 우리 문화계에 좋은 자극이었다고 생각합니다. 이 드라마가 클래식에 애정을 가지게 한 것처럼 우리 옛 시인들을 다룬 드라마도 나와야 할 때가 아닌가 생각합니다. 올해는 우리 옛 시인들의 이야기로 많은 영화나 드라마, 연극이 제작되기를 마음속으로 기대합니다.

그리고 이제 우리 시인의 마음에도 봄이 와야 할 때입니다. 우리 마음을 울리는 노래는 영혼을 순화시키는 최고의 예술입니다. 우리의 좋은 옛 노래를 음미해 보는 것도 지친 마음을 쉬게 하는 좋은 치료제라고 생각합니다.

한 해를 보내고 또 새로 한 해를 맞으면서 아름다운 우리의 노래를 더욱 발전시키는 것이 우리 문화계의 중요한 사업이 되었으면 합니다. 우리 마음을 아름다운 우리 옛 노래로 정화시켜 늘 새로운 한 해를 준비하는 좋은 기회를 만들어 갈 것을 기대해 봅니다.

《시조춘추》(2008년)

풍류를 즐기고 육경에 뜻을 둔 옛 선비들처럼

사랑하고 존경하는 동양인 여러분!

국화 향기가 캠퍼스 곳곳에 배어 있습니다. 창을 열면 하늘은 눈이 시리도록 푸르고, 가을걷이가 끝난 들녘에는 평화로움이 깃들어 있습니다.

학문은 '고독의 산물'입니다. 세상을 크게 변하게 한 많은 발견과 연구들은 고독과 씨름한 결과입니다. 학문은 결국 그것을 실행하는 데 이르러야 최고의 경지에 도달할 수가 있습니다. 지행합일知行合一이 바로 학문의 요체입니다.

뉴턴이 자신의 학문을 끝없이 전파하고 학문적인 라이벌들과 투쟁하지 않았다면, 뉴턴 역학은 존재할 수 없었을 것입니다.

철인哲人 소크라테스가 더욱 위대한 성인聖人이 된 것은 차가운 벌판에서 새우잠을 자기도 하고, 시끄러운 시장을 거닐면서 자신의 깨달음이 제대로 이해될 수 있도록 노력하였기 때문입니다.

공자는 자신의 공부를 한마디로 정리하여 "내가 싫어하는 바를 남에게 시키지 말라己所不欲 勿施於人"고 하였습니다. 이 말은 공자가 얼마나 많은 역경과 시련을 스스로 체험하면서 자신의 사상을 전하였는지를 간접적으로 보여 줍니다. 공자는 자신의 학설을 전파하기 위해서 주유천하周遊天下의 멀고도 외로운 역정을 끝없이 이어 갔습니다. 이렇게 학문은 실제로 적용되고, 만인에게 감동을 주게 될 때, 참 가치를 가지게 되는 것입니다.

옛부터 우리 선비들은 배우는 기쁨에 취하는 것을 업으로 삼았습니다. 고려 말 안축安軸 선생은 고향인 소백산 죽계의 아름다움을 다음과 같이 노래합니다.

숙수사의 누각, 복전사의 누대, 승림사의 정자

초암동, 욱금계, 취원루 위에서

반쯤 취하고 반쯤은 깨어, 붉고 하얀 꽃 피는, 비 내리는 산속을

아, 흥이 나서 노니는 모습 그것이 어떠합니까

풍류로운 술꾼들 떼를 지어서

아, 손잡고 노니는 모습 그것이 어떠합니까

宿水樓 福田臺 僧林亭子

草庵洞 郁錦溪 聚遠樓上

半醉半醒 紅白花開 山雨裏良

爲 遊興 景幾何如

高陽酒徒 珠履三千

爲 携手相遊 景幾何如

소백산과 죽계의 아름다움에 취한 선비들의 모습을 근엄하게만 보이는 선비가 그것도 지극히 한정된 정형시가로 노래했다니 놀랍습니다. 그런가 하면 봄에는 경서를 외고 여름에는 현을 뜯는 선비들의 모습을 또 노래합니다.

눈부신 봉황이 나는 듯, 옥룡이 서리어 있는 듯, 푸른 산 소나무 숲

지필봉(영귀산), 연묵지를 모두 갖춘 향교

육경에 마음 두고, 천고를 궁구하는 공자의 제자들

아, 봄에 읊고 여름에 가락 타는 모습 그것이 어떠합니까

매년 3월 긴 공부 시작할 때

아, 떠들썩하게 새 벗 맞는 모습 그것이 어떠합니까

彩鳳飛 玉龍盤 碧山松庵

紙筆峯 硯墨池 齊隱鄉校

心趣六經 志窮千古 夫子門徒

爲 春誦夏絃 景幾何如

年年三月 長程路良

爲 呵喝迎新 景幾何如

이렇게 우리 선비들은 산천의 아름다움을 즐기고 공부하며
배우는 기쁨에 취하는 것을 업으로 삼았던 것입니다.

열네 돌을 맞이하는 동양학술제에서 우리도 옛 선비들의 멋
에 한번 취해 보는 것이 어떻겠습니까?

2007년 동양대학교 제14회 학술제 격려사

서원은 현대의 대학이자 지방자치의 실천장

존경하는 학술대회 발표자와 참가자 여러분 그리고 내외 귀빈 여러분!

우리나라 최초의 서원인 소수서원과 불교의 극락정토의 원형을 간직한 부석사의 고장에서 국제서원학술대회를 개최하게 된 것을 진심으로 환영합니다.

아울러 이번 학술대회가 개최될 수 있도록 해주신 여러분들의 노고에 감사의 말씀을 전합니다.

오늘 이 학술대회는 한국의 전통 문화유산을 세계에 알리고 문화 한류의 바람을 국제적으로 새롭게 일으킨다는 점에서 매우 뜻 깊은 자리입니다.

잘 아시는 것처럼, 서원은 현대적 개념의 대학과 연구소 그리고 현대 민주주의 꽃인 지방자치의 이념을 실현하는 장으로서 오직 한국만이 그 유구한 전통을 이어 오는 자랑스러운 문화유산입니다.

　서세동점西勢東漸의 시대에는 전통이 부정되고 오로지 서구적 가치만이 국가 발전의 지름길이라는 의식이 팽배했습니다. 그러나 서구의 근대화는 세계적으로 불균형을 심화시키고 각종 문제들을 양산하고 있습니다. 산업혁명 초기에는 빈부국의 격차가 세 배 내지 다섯 배에 불과했지만, 현재는 거의 80배에 이르고 있다고 합니다. 지구 온난화와 같은 각종 환경 문제들도 또 다른 예입니다. 이 같은 시점에서 동양의 가치를 심도 있게 연구하는 것은 매우 시의적절한 일입니다.

　지금까지는 한국에서조차 서원에 대해 부정적으로 보는 경우가 많았습니다. 지난 역사를 돌이켜 볼 때, 서원은 부정적인 요소들이 많았던 것도 사실입니다. 이것은 서원 자체의 문제라기보다는 당시의 사회 시스템이 노후화되어 나타난 현상으로 봐야 할 것 같습니다.

　서양 사람들은 마을을 만들면 먼저 교회를 세우지만 한국인들은 먼저 학교를 세웁니다. 『여씨춘추呂氏春秋』에 "사람을 낳은 것은 하늘이지만 이를 기르는 것은 사람이다"라 하였습니다. 맹자孟

子는 "천하의 영재英才를 얻어 가르치는 기쁨이 인생 삼락三樂 중 하나"라고 하였습니다. 사람을 기르는 일만큼 중요한 일이 또 어디에 있겠습니까?

존경하는 학술대회 발표자와 참가자 여러분 그리고 내외 귀빈 여러분!

소수서원紹修書院은 한국 최초의 서원으로 자랑스러운 선비정신의 태반胎盤입니다. 선비는 중국의 군자에 비견되는 한국의 대표적인 인간상입니다. 선비는 한국 고유의 고신도古神道를 배경으로 내려온 문무를 겸전한 이상적 인간상으로, 시대의 변천에 따라 한국 유교의 표상으로 바뀌어 왔습니다.

선비정신은 우리 사회의 정당성을 부여하고 역사를 의롭게 이끌어 가려는 지성과 정의를 내포하고 있습니다. 선비는 명분과 원칙을 존중하고 이기주의에 사로잡히지 않으며 도덕과 윤리의 수호자로 나서서 나라와 백성을 사랑하고 돌보며 지키는 것을 사명으로 삼았습니다.

동양대학교는 아직까지는 미흡하지만 소수서원의 전통을 잇는다는 건학 정신을 가지고 설립되었습니다. '동양의 정신'과 '서양의 과학'을 조화시킨 참된 인재를 양성하는 것이야말로 동양대학교 지선의 가치입니다.

온고지신溫故知新으로 선비정신을 함양하면서 현대 과학기술을 접목하여 새로운 인간형을 구현한다는 이상을 바탕으로 감동 교육을 실현하는 것이 바로 동양대학교의 비전입니다.

저는 오늘의 학술대회가 선비의 고장에서 개최되었다는 자체가 감격스럽습니다. 그리고 이 선비정신의 모태가 되는 서원을 세계문화유산으로 등재하려는 여러분들의 노력에 대해 충심으로 존경과 감사의 마음을 전하고자 합니다.

존경하는 학술대회 발표자와 참가자 여러분 그리고 내외 귀빈 여러분!

이제 한국은 세계적인 아젠다의 변방에 있는 나라가 아닙니다. 세계적인 메가트렌드를 누구보다 빨리 이해하고 적용하는 디지털 시대의 강국입니다. 이제 첨단 기술들을 활용하여 문화 한국의 이미지를 적극적으로 구현해야 할 때입니다.

한국 전통문화의 정점에는 서원이 있습니다. 참된 동양의 정신을 계승하려는 여러분들의 땀과 눈물 속에서 저는 새로운 희망을 봅니다. 여러분들의 이 같은 노력들이 오늘날 산재한 수많은 난제를 해결할 하나의 대안이 될 것이라고 생각합니다.

서원이 세계적으로 경쟁력 있는 문화유산으로 거듭 날 수 있도록 힘과 역량을 기를 수 있는 체계적인 논리와 정책들이 개발되어야 할 때입니다. 이번 학술대회에서 이러한 문제점들이 논의되고, 새로이 도약할 수 있는 많은 대안들이 제시될 수 있기를 기대합니다.

끝으로 전통문화의 발전을 위한 여러분들의 노력과 의미를 다시 한 번 되새기면서 여러분 모두의 건승과 행운을 기원합니다.

감사합니다.

2013년 국제서원학술대회 환영사(2013년 5월 24일)

.

계곡의 얼음이 녹아 물이 흐르며 봄꽃이 피듯이

사랑하고 존경하는 신입생과 학부모 여러분, 그리고 내외 귀빈 여러분!

먼저 여러분의 북서울 캠퍼스 개강식을 진심으로 축하드립니다.

제게는 정말 길고도 긴 겨울이었습니다. 마치 긴 터널을 뚫고 나온 것처럼 태양이 그리운 시간이었습니다. 아직도 산마루에는 잔설이 있고 겨울 그림자가 드리워 있습니다. 그러나 저는 여러분과의 약속을 지키기 위해 귀를 기울여 겨울 내내 두꺼운 얼음 아래에서 봄의 속삭임을 들었습니다.

이제 우리의 언덕 양지 바른 곳은 봄의 웃음소리로 흐드러집니다. 사랑하고 존경하는 신입생 여러분, 봄을 맞은 새들이 둥지를 짓고 새끼를 키우듯이, 이제 모든 동양 가족이 함께할 터전인 이 북서울 캠퍼스에서 저를 비롯한 우리 교직원들은 교육의 터전을 가꾸는 데 최선을 다할 것입니다. 계곡의 얼음이 녹아 물이 흐르며 봄꽃이 피듯이 여러분들은 이제 형설의 공을 쌓아 세상을 향해 밝게 비추는 찬란한 꽃을 피워야 합니다.

사랑하고 존경하는 신입생 여러분, 오늘은 저나 여러분의 인생에서 가장 뜻깊은 날입니다. 이렇게 기쁘고 아름다운 날에 여러분이 있어 더욱 기쁩니다. 여러분은 더욱 힘을 모아 열심히 학업에 정진하여 꿈을 이룰 수 있는 힘을 길러야 합니다. 우리 교직원들은 여러분의 꿈이 이루어질 수 있도록 최선의 노력을 다할 것입니다.

북서울 캠퍼스에서 보내는 하루하루가 여러분의 미래를 결정할 것입니다. 지금 여러분이 내딛는 한 발, 한 발이 여러분의 인생 전체에 두고두고 영향을 미치게 됩니다.

사랑하는 신입생 여러분!

이제 새로운 가족을 맞이한 우리 동양대학교는 세상을 향한 더 큰 발돋움을 준비하고 있습니다. 지금까지의 성과를 바탕으로 새로운 각오와 획기적인 전략으로 동양대학교를 세계 속에 우뚝 선 대학으로 만들기 위해 여러분을 비롯한 우리 모두가 노력하고 또 노력할 것입니다.

사랑하는 신입생 여러분!

세상을 향해 비상하는 여러분의 꿈과 날개를 북서울 캠퍼스에서 마음껏 펼치십시오. 여러분들의 힘찬 출발에 큰 박수와 성원을 보냅니다. 오늘, 이 자랑스러운 만남과 출발이 미래의 아름다운 우리 사회를 이끌 훌륭한 리더의 영광으로 이어지기를 축복합니다.

감사합니다.

2016년 동양대학교 북서울 캠퍼스 개강 축사

축하의 향연에 눈이 부십니다

우리의 만남은 소리 없이 뜨거운 불길로 와서

오색 빛깔로 곱게 타올라

찬란한 향연을 펼쳐 놓았습니다.

여기저기 형형색색

곱게 물든 축하의 향연이

너무도 아름다워 눈이 부십니다.

태양은 황금빛으로 물들고

대지는 샘처럼 솟아나는 맑은 물을 선사합니다.

하지만 우리는 이 가운데 그 어느 것도

하루 이상 가질 수 없습니다.

이 시간이 지나면

그 아름다움은 더 이상 우리 것이 아닙니다.

이 세상에서 우리가 영원히

소유할 수 있는 것은 아름다운 기억뿐입니다.

오늘 이 자리가 우리들의 가장 소중한 기억이 되도록 합시다.

항상 지금 우리가 가진 것에 감사합시다.

항상 기쁘고 즐거운 마음을 가집시다.

내일은 내일의 태양이 뜨기 때문입니다.

매사에 성실합시다.

그리고 친구를 사귑시다.

하지만 좋은 친구를 현명하게 선택합시다.

좋은 친구를 만나려면

먼저 나 자신이 좋은 친구감이 되어야 합니다.

왜냐하면 친구란 내 부름에 대한 응답이기 때문이다.

말 한마디가 여러분의 미래를 만듭니다.

세상을 향기롭게 뒤덮을 크고 아름다운 소망의 말을 하면

그 미래는 바로 여러분의 것입니다.

또 우리 스스로를 사랑합시다.

우리 자신을 가장 가까운 친구로 삼읍시다.

이를 통해 타인을 자기처럼 귀하게 여기는 방법을 배웁시다.

그리고

우리가 결코 혼자 걷고 있지 않음을 명심해서 걸어갑시다.

어제는 지나갔기 때문에 좋고,

내일은 올 것이기 때문에 좋고,

오늘은 무엇이든 할 수 있기 때문에 좋습니다.

길을 가다가 돌이 나타나면

우둔한 사람은 그것을 걸림돌이라 말하고

현명한 사람은 그것을 디딤돌이라고 말합니다.

사랑하고 사랑받는 것은

태양을 양쪽에서 비추는 것과 같습니다.

서로의 따스한 볕을 나누고 그 정성을 잊지 않는 것입니다.

오늘부터 이제 우리는 서로에게 태양이 됩시다.

그리하여 영원히 마주보며 비추어 줍시다.

언제나 우리에게 인연은 한 번밖에 오지 않습니다.

오늘 이 입학식은 영원한 세월 속에

단 한 번밖에는 없기 때문입니다.

그래서 우리는 소중한 인연입니다.

오는 새 봄에는

여러분과 동양대학교, 또 이제 우리에게

그렇게 사랑으로 더욱더

따뜻하게 이어질 것을 기대합니다.

감사합니다.

2013년 동양대학교 입학식 축사

당신이 있어 행복합니다

하루하루 같은 길을 걸어도

당신이 있어 행복합니다.

삶을 배우기 위해

때로 슬픔과 고통이 약이 됩니다.

좌절도 때로 우리에겐 힘이 됩니다.

결과에 연연하지 말고 삶에 최선을 다합시다.

항상 결과를 겸허히 받아들이고

살아 있는 것만으로도

행복한 삶이었으면 좋겠습니다.

때로

당신을 미워하고 질투했습니다.

당신이 가진 그 젊음을

세상 모든 일을 다 할 수 있는 그 젊음을

그러나

더 이상 시기하지 않겠습니다.

당신을 향해 향기로운 마음을 가지고

소중하고 아름답게 생각할 것입니다.

당신과 같이 가슴이 뛰지만 넉넉한 5월의 하늘처럼

당신을 향해 여유로운 마음을 가질 것입니다.

당신을 사랑합니다.

당신이 있어 행복합니다.

2013년 동양대학교 대동제 축사

삶에 관하여

하늘을 힘차게 날아오르는 저 수리는

알고 보면 작은 알에서 나왔습니다.

작은 벌들이 이 꽃 저 꽃을 힘겹게 날아다니면서 잠시 쉬어간

곳에서 대지를 화려하게 수놓는 형형색색의 꽃들이 피어납니다.

이제 동양대 연극영화과 여러분들의 뜰에도 꽃이 피겠군요.

삶의 무대는 끝없이 우리를 시험합니다.

바리새인은 회당의 높은 자리에 앉아 문안을 받기를 기뻐합

니다.

율법학자들은 무거운 짐을 사람에게 지우며

저들은 한 손가락도 이 짐에 손대지 않습니다.

삶을 준비하는 자는 새를 하늘로 날려 보냅니다.

삶을 깊이 사랑하는 사람은

새가 돌아올 날을 기다리며

큰 바람과 가뭄과 홍수를 견뎌냅니다.

모질게 기다린 나무가 더 많은 열매와

더 넓은 그늘을 드리웁니다.

삶은 연극이요, 연극은 삶입니다.

동양대 연극영화과 여러분,

여러분들이 날려 보내는 새를 보면서

삶의 기로岐路를 헤쳐 나온 제 삶의 새로운 희망을 봅니다.

2007년 '젊은 연극제' 격려사

심장에서 터져 나오는 소리에 귀를

10년.

강산도 변하고 장인의 손길도 깊어지는 시간,

이제 그 10년이 지났군요.

연극영화학과 개설 10주년을 축하합니다!

이번에는 영국 작품을

우리 색채로 각색했다고 들었습니다.

늘 신선한 도전을 하는 젊은 당신들이 부럽군요.

예술가는 늘 미래가 불안하다고들 하지요?

그러나 굴하지 마십시오.

심장에서 터져 나오는 소리에 비겁하게 두 귀를 막고

배만 따뜻한 것보다 훨씬 낫습니다.

젊은 예술가 여러분!

배우고 익히고 또 배웁시다.

그리고 용기를 가집시다.

저도 돕겠습니다.

다시 한 번 당신들의 공연과

연극영화학과 개설 10주년을 축하하며

늘 건승하시길 바랍니다

2013년 '젊은 연극제' 격려사

새는 알에서 나오기 위해 싸운다

새는 알에서 나오기 위해 기나긴 투쟁을 합니다.

알은 하나의 세계입니다.

새로이 태어나려고 하는 자는

그 세계를 파괴하지 않으면 안 됩니다.

그리고 그 새는 다시 새로운 하늘을 향해 날아갑니다.

오늘 우리는 이 새로운 하늘을 찾아가기 위해

알을 깨는 자리에 서 있습니다.

그동안 큰 바람과 가뭄과 홍수를 견디어 온

연극영화과 여러분들에게 큰 박수를 보냅니다.

그리고 여기는
그동안 여러분들의 노력과 열정에 보답하기 위해
제가 작은 선물을 마련한 자리입니다.

이 작은 공간이
한국의 알프스 소백小白에 꽃이 만발하듯이
동양 가족들에게 문화文化의 꽃이 피는 계기가 될 것입니다.

이제 이 공간을 문화의 전당으로 만들어 가는 것은
우리 모두의 몫입니다.

끝없이 우리를 시험하는 삶의 무대에서
새삼 '삶은 연극이고, 연극은 삶'이라는 것을 깨닫게 됩니다.
감사합니다.

2013년 동양대학교 소극장 개관 기념사

새 눈을 밟는 첫 사람으로

수험생 여러분 안녕하십니까?

이제 희망의 새해가 밝았습니다. 정해년 새해에는 합격의 영광이 가득하기를 기원합니다. 지난 한 해 동안 열심히 노력했으나 불행히도 합격의 소망을 이루지 못한 수험생 여러분은 새해에는 합격의 영광을 쟁취하는 희망찬 새해가 되기 바랍니다.

길은 언제나 우리 앞에 있지만 쉬운 길은 어디에도 없습니다. 어느 겨울날 눈이 하얗게 덮인 골목길에 맨발로 뛰어 다니는 꼬마가 저를 보면서 말합니다.

"쉿! 엄마 알면 혼나요. 근데 내가 일등이에요. 새 눈에 발자국 내기 일등." 속으로 '저 꼬마의 길동무가 되어 주면 좋겠군' 하고 생각했습니다. 공무원을 준비하는 여러분들과 같은 젊은 학생들을 위해 우리 대학에 공무원사관학교를 설립하고 '공무원이 되기 위한 오르막길'을 걷는 우리 학생들의 길동무가 되어주기로 결심한 지 벌써 3년째에 접어듭니다. 제가 우리 학생들에게 하는 당부는, 시험에서 100명 중 한 명이 뽑힌다면 떨어진 99명과 나는 이미 다른 길을 걷고 있고, 스스로 선택해서 걷고 있는 이 길에서 내가 그 한 명이 될 거라는 확신을 가지라는 겁니다.

이른 아침 새하얀 눈에 첫 발자국을 내겠다고 뛰어나온 그 꼬마와 같은 '용기와 패기'로 우리는 절대 눈 녹을 때까지, 혹은 누군가가 눈을 쓸어 놓았을 때를 기다려 두 번째, 세 번째로 그 길을 걷는 사람이 되지는 않을 거라는 '다부진 욕심'을 가지라고 부탁합니다. 저는 여러분이 새 눈을 밟는 첫 사람, 또한 '안 되는 99명'이 아닌 '되는 한 명'이 될 거라 믿습니다.

새해가 밝았습니다. 저는 공무원사관학교 '동양대학교'에서 언제나처럼 공무원에 도전하고 있는 많은 학생들과 오르막길을 함께 걷는 데 올 한 해도 최선을 다할 것입니다.

여러분들도 여러분들이 선택한 그 길에서 최선을 다하여 바라시는 좋은 결과를 얻어 목적지에 도달하는 여러분만의 '새 길'을 낼 수 있기를 바라봅니다.

《공무원 저널》(2007년)

젊음 그리고 실력을

사랑하는 동양인 여러분!

계절의 여왕, 5월입니다. 안개 낀 소백의 아침, 그 초록빛 싱그러움이 캠퍼스를 감싼 것이 보이지 않습니까? 캠퍼스 가득 터질 듯 부풀어 오른 영산홍, 자산홍, 철쭉이 서로 시새우고 있습니다. 졸음에 겨운 오후가 시작되는 계절입니다.

강의실을 빠져나와 소백의 아름다움에 잠시 취하고 싶은 젊음의 계절, 개교 13주년 동양축제를 축하드립니다.

새천년이 지나고 벌써 7년, 우리는 젊음과 지성의 축제를 위해 여기 교촌 언덕에 모였습니다. 대학 시절은 인생의 꽃입니다. 그 꽃을 가장 찬란하게 피우는 때가 바로 5월의 동양축제입니다.

지난날, 5월의 캠퍼스는 최루탄과 돌이 난무하는 전쟁터였습니다. 지금의 캠퍼스는 자유를 만끽하며 지성과 낭만을 뽐내는 즐거운 '판타지의 나라'가 되었습니다. 보랏빛 향기 가득한 등나무 그늘에서는 연인과의 즐거운 이야기들이 여기저기 꽃망울을 터뜨립니다.

하지만 이 아름다운 5월은 여러분 아버지 세대들의 숭고한 희생이 있었기에 가능했습니다. 이 아름다운 5월을 물려준 분들을 위해서 우리는 더욱 학업에 정진하여야 합니다. 세계 7대 경제 강국을 만들어 온 저력을 이어 가고 세계와의 경쟁에서 이겨 나가기 위해서 우리는 치열한 학문적 열정과 강인한 체력으로 재무장해야만 합니다.

동양축제는 다만 그 치열한 연마 과정에서 오는 긴장의 일시적인 이완을 위한 것입니다. 세상 만물은 모두 나름의 주기가 있듯이, 열심히 학문에 매진해 온 여러분들은 이제 계절과 주기에 맞추어 정신적 긴장을 이완시키면서 또 하나의 새로운 출발을 위해 준비할 시기입니다.

이런 의미에서 축제는 승리의 기쁨을 만끽하기 위한 것이 아니라 대학 생활의 하나의 악센트로서 보다 알찬 삶을 꾸려 가고자 하는 새로운 전환점인 것입니다.

영국의 명문 케임브리지와 옥스포드, 미국의 하버드와 프린스턴 등 세계의 명문 대학교 학생들은 학업과 체력 단련을 함께 하여 건강한 몸에 건강한 정신이 깃들도록 스스로를 단련합니다. 축제의 목표도 바로 이것입니다. 즐거운 축제는 오직 학업 증진을 위한 수단임을 우리는 명심해야 합니다.

축제 마지막까지 지성인의 품위를 지키면서 페어플레이의 정신으로 경기에 임하여 주십시오. 그리고 이 축제가 여러분의 인생에서 가장 아름다운 추억의 하나가 되기를 바랍니다.

여러분의 축제를 진심으로 축하합니다.

감사합니다.

2007년 동양축제 개회사

이제 축제는 끝났습니다

사랑하는 동양인 여러분!

축제는 끝났습니다. 이제 계절의 여왕, 5월도 가고 곧 6월이 옵니다. 아침 안개 자욱한 소백의 아침, 그 초록빛 싱그러움이 다시 캠퍼스를 감싸고 있습니다. 터질 듯 부풀어 올랐던 영산홍, 자산홍 등 오색의 꽃들도 이제는 지고 여름 꽃들이 다시 캠퍼스를 가득히 메우고 있습니다.

영국의 계관시인桂冠詩人 로버트 브리지스Robert Bridges(1844~1930)는 6월이 오면 향기로운 건초 위에 연인과 함께 앉아 산들바람 이는 하늘에 흰구름이 지어 놓은 궁전을 바라보며 하루 종일 달콤한 시를 읽으리라고 노래하였습니다.

캠퍼스에는 신록新綠이 더욱 짙어지고, 보랏빛 향기가 더욱 가득해진 등나무 그늘에서는 연인들의 즐거운 사랑 노래가 들려오는 듯합니다. 우리가 누리는 이 아름다운 자유는 그저 주어진 것이 아닙니다. 해마다 유월이 오면, 우리는 돌이킬 수 없는 불행한 역사를 기억합니다. 오천년의 역사에서 가장 참혹했던 유월을 우린 애써 잊으려 하지만, 지울수록 더욱 선명해지는 것은 그 유월의 핏빛이 아직 우리 가슴에 응어리져 있기 때문입니다.

자유민주주의를 위해 젊은 학도들은, 역사에 나오는 화랑 관창처럼, 기꺼이 죽음으로 가는 행군을 힘차게 따라 나섰습니다. 핏빛 가득한 대지 위에 애타게 불렸던 어머니 가슴에 그들은 영혼을 묻었고, 이제 그 대지 위를 신록이 장식하고 있습니다. 초연硝煙이 쓸고 간 그 자리엔 핏빛보다 더 고운 붉은 꽃들이 만발해 있습니다. 정말 우리의 유월은 엘리엇의 4월보다 더 잔인했습니다.

지금 우리는 이 계절을 그저 아름다운 꽃과 신록의 시절로만 생각하고 있습니다. 그러나 그 육신과 영혼을 바쳐 이 아름다운 계절을 우리들에게 물려주신 분들을 위해서 우리는 더욱 학업에 정진하여야 합니다. 세계 7대 경제 강국을 만들어 온 저력을 이어 가고 세계적 경쟁에서 이겨 나가기 위해서 우리는 더욱 치열하게 학문적 열정을 불태워야 합니다.

이제 축제는 끝났습니다. 축제는 다만 잠깐의 휴식을 위한 것입니다. 세상 만물은 모두 나름의 주기가 있듯이, 열심히 학문에 매진해 온 여러분들은 이제 계절과 주기에 맞추어 정신적 긴장을 풀어 주면서 또 하나의 새로운 출발을 위해 준비할 시기를 맞았습니다.

인생은 그리 짧지도 않지만 길지도 않습니다. 화살처럼 빨리 가는 세월을 잡으려 애쓰지만, 늘 우리는 세월에 지고 맙니다. 그러나 이제는 그 후회와 아쉬움만 남은 그 미망迷妄을 뿌리칩시다.

당나라 시선詩仙 이태백은 "그대 보지 못하였는가? 황하의 저 물, 하늘에서 내려와 힘차게 흘러 바다에 이르러 다시 오지 못하는 것을[君不見 黃河之水天上來 奔流到海不復回]"이라고 노래했습니다. 인생은 어쩌면 그 강물과 같이 까닭 없이 힘차게 흘러가 버릴지도 모릅니다. 그리하여 "높고 귀한 고관대작의 부인이 거울을 보며 그 백발을 슬퍼하네, 아침에 삼단 같은 머리가 해거름에 눈같이 희어진 것을[高堂明鏡悲白髮 朝如靑絲暮成雪]"이라고 이태백은 또 노래합니다.

하지만 흘러가 버린 물은 어제의 물이 아니지만 흘러가는 강물은 끝없이 흐르는 것입니다. 송나라 때 소동파는 "달도 찼다가 기울다가 하지만 그래도 달의 본 모습은 그대로일세. 변한다는 관점에서 보면 변하는 것이지만 변하지 않는다는 관점에서 보면 결국 우리는 무한한 생명에 뿌리를 박고 있는 것이지"라고 노래했습니다.

소동파의 시는 우리는 변화무쌍한 현상 속에서도 영원한 생명을 가진 존재라는 것을 말하고 있습니다. 지금 우리가 보는 이 순간은 바로 영원으로 향하는 길목에 있는 것이고, 영원은 바로 일상의 순간들이 만들어 가는 것입니다.

이제 축제는 끝났습니다. 시간이 내게 주는 그 귀한 인연과 기회를 소중히 하도록 마음을 다져야 합니다. 특히 1학년 여러분들은 지금까지의 타율적인 생활과는 달리, 스스로 능동적이고 자주적이고 진취적인 자세로 설정한 목표를 성취해 가고, 끊임없이 일어나는 갖가지 문제를 해결해 감으로써 책임 있는 성인으로 성장해 나가야 합니다.

흔히 대학을 멋과 낭만이 넘치는 곳이라 말하지만, 이는 대학 본래의 의미를 알고 충실히 실천하는 자들만이 가질 수 있는 여유이기도 합니다. 여러분은 새로운 인생 단계의 출발점에서 적절한 방향을 설정하고 다양한 경험을 통하여 이를 통합해 나감으로써 보다 알찬 대학 생활을 영위해야 합니다. 부디 높은 기상과 자부심으로 새 역사를 개척하는 동양인이 되어 주시기를 부탁드립니다.

감사합니다.

2007년 동양축제 폐회사

예술 그리고 학문

　독일의 철학자 프리드리히 헤겔Freidrich Hegel은 예술적 아름다움은 절대정신絶對精神의 직관적 표현이라고 했습니다. 훌륭한 예술 작품은 절대자絶對者가 스스로 모습을 드러낸 것이라는 의미라고 합니다. 이 말의 진정한 의미를 제가 알 수는 없지만, 때로 아름다운 음악이나 그림을 보고 있노라면 어떤 영혼을 울리는 듯한 느낌이 들 때가 있습니다.

　어린 시절 차이코프스키는 아름다운 음악을 들으면 한없이 울었다고 합니다. 학문이 현실을 통하여 진리를 파악하려는 것이라면 예술은 작가의 상상력이 세계를 만들어 먼 훗날 학문이 다가올 날을 기다린다고나 할까요? 그래서 예술은 천재들의 게임이

겠지요. 그런 의미에서 예술은 헤도네hedone가 아니라 카라chara를 고양시키는 것이라는 스토아의 말에 공감합니다.

예술은 자연의 모방이 아니라 어쩌면 헤겔의 말처럼 이성적인 욕구가 발현된 것으로, 천재의 고양된 능력이 만들어 내는 새로운 세계일 것입니다. 이로써 예술은 신성神聖을 가지게 되기도 합니다.

저는 차세대 예술가들의 영감을 드높이고 예술의 세계를 좀 더 사람들과 가까이 하기 위해 두산아트센터가 개최하는 DAF전展이 고맙습니다. DAF전을 통해 보다 많은 분들이 예술의 세계를 만끽할 수 있기를 진심으로 기원합니다.

2006년 두산갤러리 DAF전 개관 축사

부록

일시 : 2015년 12월 29일 3시 30분

장소 : 서울 여의도 국회의원회관

대담 : 박성태 한국대학신문 발행인

인터뷰

대학 교육, 무엇이 문제인가?

박성태 지난 2월 한국사립대학총장협의회(이하 사총협) 회장 취임 후 약 10개월이 지났습니다. 임기인 4월 7일까지 약 3개월이 남았는데, 그동안의 활동을 평가하고 남은 임기 동안 추진할 사업 방향도 들려 주십시오.

최성해 무엇보다도 사립대학의 위상을 바로 세우고 이를 제대로 알리는 데 집중했습니다. 그동안 사총협이 고등교육 정책에 대해 일관된 견해를 가지지 못한 채 표류했는데 이를 안착시키고 사립대학의 문제들을 전체적으로 조망하면서 보다 큰 그림을 그리려고 노력했죠. 다음으로는 크게 두 가지 일에 중점을 두었습니다. 하나는 고등교육의 세계적 동향에 대한 연구이고 다른 하나는 대학 구조 개혁에 대한 합리적인 판단을 내리기 위해 노력한 부분이죠. 구체적으로 지난 10여 년간 고등교육의 세계적인 동향과 우리의 대응 과제 등에 대해 여러 연구를 수행했습니다. 그래서 무크MOOC나 유데미Udemy(전문가 강의 플랫폼)에 대한 올바른 대응과 세계적인 구조 개혁의 추세와 방향에 대해 대학들에게 알리고, 이에 대응하기 위한 각종 방법론을 제시하는 데 주력했죠. 또 현재 고등교육의 최대 현안인 구조 개혁법도 사총협의 입장에서 종합적으로 정리하고 대안을 제시했습니다. 이를 통해서 현재 정부가 추진하는 구조 개혁법의 실효성과 타당성을 검토하고 대안을 제시했죠. 남은 임기 동안 큰 사업을 추진하기는 어렵지만 지금까지 제기된 각종 현안들을 할 수 있는 데까지 마무리할 생각이에요.

박성태 강사법이 다시 유예될 가능성이 높습니다. 정부에 목소리를 내기 위해 많은 노력을 해주신 것으로 알고 있는데요. 사총협 회장으로서, 강사법이 어떻게 보완되어 나아가야 한다고 보시는지요.

최성해 강사법은 대학 현실을 무시하고 탁상에서 만들어진 감이 있어요. 원래의 취지는 충분히 공감하지만 대학 현장에서는 재정적인 부담이 가중되어 실효성에 문제가 있죠. 이런 사안들은 관련 당사자들이 제대로 협의하여 상생하는 구조를 만들었어야 합니다. 그런데 현재의 강사법은 대학 현실을 충분히 검토하지 못하고 졸속으로 만들어져 대학뿐 아니라 강사들조차도 반대하고 있죠. 차라리 대학 현실을 잘 아는 사총협이나 대교협에 위탁하여 제대로 된 법안을 만들었으면 더 나았을 거예요. 아무리 좋은 정책이라도 대학 현장에서 기술적으로 회피하는 결과를 초래한다면 의미가 없으니까요. 절차가 복잡해 행정적 부담이 너무 커서, 구조 개혁으로 몸살을 앓는 대학들이 우려하는 부분이기도 하죠. 따라서 유예 기간 동안 대안을 모색해야 합니다. 사총협의 입장에서는, 현행 강사법을 폐지하고 강의 기회 보장에 초점을 두어 재개정할 필요가 있다고 봅니다. 대학의 교육 과정들이 다양한데 강사법은 그것을 고려하지 않고 있어 경직된 임용 환경을 만들 수 있죠. 정부도 여론에 지나치게 흔들리지 말고 대학의 자율성을 존중하고 보다 유연한 교육 과정에 적합한 교원 정책을 만들어 가야 합니다. 시간강사의 처우 개선을 포함하여 후속 세대 양성 및 발전에 기여하는 교원 정책이 가능하도록 충분한 재정 지원이 있어야 합니다.

박성태 교육부와 사회는 취업을 강조하고 있고, 대학의 취업률이 대학의 성적을 좌우하는 시대입니다. 4년제 사립대학들도 진리를 탐구하는 상아탑의 기능에서 실질적 직업 교육을 강조하는 변화의 중심에 서 있는데, 과연 이런 게 옳은 것인지 지성인들의 고민들이 많습니다.

최성해 어려운 문제입니다. 제조업이 급속히 이탈하고 해외직접 투자FDI의 유출이 심한 상태에서 대학이 학과 조정을 해야 하는 것은 불가피한 일이기도 하죠. 고용노동부에 따르면, 2023년까지 인문사회 계열은 6만 1,000명, 자연 계열은 13만 4,000명의 인력이 초과 공급되지만 공학 분야의 인력은 27만 7,000명이 부족하다고 합니다. 이 상태에서 대학이 사회적 수요를 외면하는 것도 문제예요. 학과 구조조정이 절실한데 쉽게 해결할 수 있는 문제가 아니죠. 기초 학문과 인문사회 부문 붕괴의 파장도 만만치 않습니다. 그러나 엄밀한 의미에서 보면 취업이 대학만의 문제는 아닙니다. 정부, 기업, 노동계가 함께 책임을 져야 하죠. 그런데도 오로지 대학만의 책임인양 하는 것은 바람직하지 않아요. 구조적 문제로 봐야 합니다. 제조업이 이탈한 상황에서 비정상적인 정당과 국회, 복지부동의 관료 집단, 국가 경쟁력은 외면하고 고함만 지르는 노조와 골목상권까지 집어삼키면서 기회만 엿보는 재벌들 사이에서 기업들은 하나같이 해외로 이탈해 가니 일자리가 급격히 줄어들죠. 물론 우리나라만의 일은 아니에요. 전 세계적으로 중간 임금대 일자리가 급격히 사라지고 있어요. 일부 미래학자들 가운데는 머지않아 50퍼센트 이상의 일자리가 사라질 것이라고 경고하는 사람도 있습니다. 대학은 대학대로 최대한 학과 조정을 해야 하고, 기업과 노동계는 국가 전체를 생각하면서 정부에 협조할 것은 과감히 협조해야 합니다.

박성태 많은 대학들이 정부의 예산이 대거 투입되는 사업인 프라임, 코어, 평생교육 단과대학 사업에 관심을 가지고 있습니다. 사업을 유치하기 위해 정원 조정 및 감축 등 제 살을 깎아 내는 고통을 감내하고 있죠. 이에 사립대학 총장들은 어떤 고민을 가지고 있습니까?

최성해 프라임 사업(산업 수요 연계 교육 활성화 선도 대학 사업)은 대학가 최대 이슈기도 합니다. 대학당 최대 300억 원 재정지원 사업이잖아요? 그런데 이 사업에 대한 총장님들의 고민이 깊어지고 있습니다. 이 사업에 선정되려면 입학 정원 조정과 단대별 개편 계획 등이 선행되어야 하기 때문이죠. 구체적으로 보면 입학 정원의 5~10퍼센트 이상을 전환해야 합니다. 예상되는 학내 반발을 감당하기도 쉽지 않고요. 더구나 이공계 중심의 구조 개혁을 단행해야 하는데 학내 구성원들의 동의를 얻는 것이 큰 부담입니다. 그렇다고 반드시 선정된다는 보장도 없으니 더욱 힘들죠. 그래서 일부에서는 소형 프로젝트인 창조 기반 선도 대학이나 코어 사업(인문 역량 강화 사업)에 관심을 가지고 있는 것으로 알고 있습니다. 가뜩이나 지속적으로 입학 정원을 줄여 가야 하는데 또다시 전체 판을 흔드는 구조조정을 하기에는 대학이 너무 혼란스럽지 않을까요. 뿐만 아니라 이런 사업들은 대학들 간의 빈익빈 부익부를 가속화시켜 지역 대학이나 소규모 대학들의 입지를 점점 약화시킬 겁니다. 더 이상 구조조정을 하기 힘든 대학들이 배제될 수밖에 없기 때문에 지표상의 조정도 필요하죠.

박성태 교육 수장이 곧 바뀔 텐데 바라는 점이 있나요. 교육부의 대학 구조 개혁 정책에 대해서도 어떻게 보완돼야 한다고 보는지 궁금합니다.

최성해 대학 본연의 자율성을 좀 더 중시하는 방향으로 갔으면 합니다. 구조 개혁이 지나치게 강압적이고 졸속으로 진행되는 측면이 있어요. 세계적으로 정부가 나서서 대학 정원을 강제로 줄이려고 나서는 경우는 한국뿐이에요. 현재 진행 중인 구조 개혁의 기반이 되는 구조 개혁 법안들은 하나같이 구조 개혁의 본래의 취지인 재생과 지원의 원칙에 위배됩니다. 또 과잉의 원칙이나 비례의 원칙에 어긋나 위헌의 소지를 안고 있으며 법치주의를 무시한 측면이 있죠. 구조개혁위원회가 실질적인 당사자인 법인 대표자를 배제하는 점도 문제입니다. 따라서 사총협의 입장에서는 이 법안을 개선 없이 그대로 수용하기가 어렵죠. 정원 축소 압력이 심각한 것은 사실이지만 이미 많은 수의 정원을 축소했고, 교육부가 추진하고 있는 유학생 유입을 확대하고 정원외 모집 정책을 잘 조정하면 해결이 불가능한 문제도 아니에요. 현재의 구조 개혁이 지방대학의 몰락을 가속화한다는 데 전문가들의 이견은 없습니다. 지방대학의 몰락은 고등교육만의 위기가 아니라 지역경제 자체를 크게 위축시키죠. 이것이 부메랑이 되어 국가 경쟁력의 약화를 초래할 수밖에 없습니다. 일부에서는 오히려 지방대학을 보호하기 위해 구조 개혁 법안이 필요하다고 하는데 그것은 사실과 전혀 다릅니다.

박성태 교육부에서 규제 개혁 방침을 내놓았지만 지역 대학에는 실효성이 없다는 의견들이 있습니다. 교육부의 지역 대학 정책은 어떻게 평가하십니까?

최성해 '지방대학의 육성'이 제대로 된 국가적 과제로 대두된 것은 최근의 일입니다. 그런데 그나마도 방향을 제대로 잡지 못하고 있죠. 공허한 말만 무성한 실정이에요. 이것은 기본적으로 수도권이나 광역권의 대학들과 지역 대학들을 동일 선상에 두고서 경쟁을 시키니까 생기는 문제입니다. 국가의 장기적 발전을 위해서는 일정한 인구와 자원을 지역에 묶어 두어야 합니다. 현재 수도권이나 광역권은 지나친 집중으로 인하여 감당하기 힘든 많은 폐해들이 나타나고 있어요. 수도권에 인구의 절반이 살죠. 각종 재난에 취약한 구조가 되고 있으며, 남북이 대치한 상황에서 툭하면 '서울 불바다론'이 나와요. 한국의 미래를 생각한다면, 이에 대한 대안이 바로 지역 대학의 육성입니다. 생각해 보세요. FTA를 강력하게 추진하면서도 왜 정부가 비교 우위가 없는 농업 부분에 그 많은 특혜를 줄까요? 지역의 농업을 살려 두어야만 지역 경제가 유지되고 지역에 일정한 인구와 자원을 묶어 두어 국가적 위기 상황에서의 대처 능력을 강화할 수 있기 때문입니다. 지역 대학들은 농업 이상의 의미를 가집니다. 그러기 위해서는 농업에 대한 지원과 마찬가지로 오히려 지역 산업이나 지역 고등교육 기관에 대해서는 상당한 지원을 해 주어야 합니다. 예를 들면 등록금 지원이라든가 구조 개혁 지표를 조정한다거나 하는 식으로 지역에 맞는 지원이 필요합니다. 구조 개혁에서 가장 중요한 지표는 충원률이나 취업률, 교수 확보율입니다. 이것은 인구가 포화 상태인 수도권이나 광역권 대학이 절대적으로 유리할 수밖에 없죠.

박성태 사총협을 중심으로 한 사립대학의 결집력이 많이 약해졌다는 의

견들이 제기되고 있습니다. 1년 남짓한 회장 임기로는 대학들의 과중한 현안들을 끌고 가는 데 한계가 있을 것 같은데요. 사총협의 중장기 현안을 일관성 있게 발전시키기 위한 지혜와 비전이 있다면 말씀해 주십시오.

최성해 이제 와서 사립대학들의 결집력이 약화되었다고 하는 것은 지나친 생각입니다. 사립대학들의 입장 차가 크기 때문에 불가피한 일이죠. 수도권의 입장이 다르고 광역권의 입장이 다릅니다. 또 생존의 기로에 선 지방대학들의 입장은 더욱 심각하죠. 이미 20여 년 전부터도 비광역권 지방대학들은 독자적으로 협의체를 구성하려는 시도가 여러 차례 있었습니다. 그러나 저는 지방대학 총장님들의 원성을 들어 가면서도 상호 이해의 폭을 넓히려고 노력했습니다. 저를 성원해 준 많은 지방대학 총장님들에게는 미안하지만 저는 사총협의 결집력이 약화되지 않도록 나름 많은 노력을 했습니다. 최근에는 지역 국회의원들과 수도권 대학들도 지방대학의 고충들을 좀 더 이해하는 방향으로 나아가고 있어서 다행입니다. 현실적으로 여러 차이가 있음에도 불구하고, 사총협은 복잡한 이해관계를 떠나서 우리나라 고등교육의 중추로서의 기능을 다해야 한다는 점에서 공감하고 상호 소통을 위해 노력하고 있습니다. 임기 문제도 보완해야 하죠. 1년이라는 기간은 전임 회장의 업무를 검토하고 보완하기에도 모자라는 시간이에요. 인적 · 물적 자원이 거의 없는 상태에서 제대로 된 프로그램을 기획하고 수행하기는 어렵습니다. 다음 회장부터는 임기를 늘리거나 능력 있는 분들은 연임을 할 수 있게 하고, 사총협의 기획과 연구 기능을 강화하여 보다 일관성 있고 체계적인 구조로 만들어 가야 합니다.

박성태 올해 대학 총장들이 모여 대학의 미래를 논의하는 프레지던트 서밋 7회를 완료했습니다. 공동 위원장으로 참여하셨는데 어떻게 평가하십니까? 또 대학의 위기 극복과 발전을 위해 서밋에 바라는 점 등이 있으면 말씀해 주십시오.

최성해 세계적인 기술 동향과 고등교육 플랫폼에 대한 논의와 대응 및 개발은 미래 고등교육에서 불가결한 요소입니다. 이를 토대로 ICT 기반의 스마트 캠퍼스를 구축하고 교육 영토 확장으로 나아가는 방향을 제시했다는 점에서 우리 고등교육의 시야를 한 차원 높인 계기가 되었죠. 엉뚱하게 들리겠지만 저는 프레지던트 서밋에서 좀 더 내실에 주력하고자 제동을 걸기도 했습니다. 대학 경쟁력이라는 측면에서 보면 한국이 비관적이지 않습니다. 오히려 과도한 유행을 타는 것이 문제죠. 사실 미래 대학의 전형으로 거론되고 있는 무크나 유데미는 과장된 측면이 많은데 한국의 고등교육이 호들갑스럽게 대응하는 측면이 있어요. 한국은 ICT 인프라가 워낙 강하기 때문에 무크나 유데미의 추이를 봐 가면서 더 나은 프로그램을 개발하면 따라잡는 것은 어려운 일이 아닙니다. 다만 무크나 유데미에서 소외되기 쉬운 지방대학이나 소규모 대학들도 참여할 수 있는 구조가 필요한데, 이 점이 부족하여 아쉽기도 하죠. 또 대부분 평준화된 유럽 대학들은 열악한 시설, 낙후된 교육 시스템 등으로 두뇌 유출이 심한 상태예요. 유럽이 통합되면서 고등교육 시스템도 통합하려는데 이것은 너무 무리한 일이죠. 어쩌면 남유럽의 금융위기 같은 상황이 유럽 고등교육에서도 터질 수 있어 그 사이에 틈새시장이 발생할 수도 있습니다. 이런 점에서 우리는 대외적으로는 첨단 고등교육의 흐름을 주시해야 하지만, 대내적으로 고등교육의 문제들을 먼저 안정적으로 해결할 필요가 있습니다.

박성태 2016년 신년을 맞아 사립대학 구성원들에게 한마디 부탁드립니다.

최성해 그동안의 지원과 사랑에 대해 감사드립니다. 세계적인 구조 개혁의 흐름 속에서 많은 내홍을 겪고 있는 대학의 구성원들이 단결하여 세찬 시련을 이겨 나가야 합니다. 지난해는 사총협이 사립대학의 발전을 위한 기반 구축에 온 힘을 다했는데, 이는 모두 사총협의 전체 구성원들의 지원과 사랑이 있었기에 가능한 일이었습니다. 물론 사립대학들의 입장이 다르기 때문에 모두 같은 목소리를 내는 것은 불가능합니다. 그러나 사학법이나 구조개혁법과 같이 사립대학을 옥죄는 문제에는 수도권과 지방의 입장 차이가 있을 수 없습니다. 우리가 이런 문제들을 중심으로 공감대를 넓혀 가면서 미래 교육의 발전을 선도해 갈 필요가 있습니다. 또 한국대학신문에도 항상 감사드립니다. 치우치지 않고 다양한 대학의 목소리를 경청하고 이를 사회에 알리는 역할을 충실히 수행해 왔습니다. 그래서 보다 많은 대학이 신뢰하는 것 같습니다. 앞으로도 많은 사랑과 편달을 당부드립니다.

대학 개혁은 어떻게 만들어지는가

1판 1쇄 발행 2016년 10월 5일

지은이 | 최성해
펴낸이 | 조영남
펴낸곳 | 알렙

출판등록 | 2009년 11월 19일 제313-2010-132호
주소 | 서울시 강서구 공항대로45길 101 강변샤르망 202-304
전자우편 | alephbook@naver.com
전화 | 02-325-2015
팩스 | 02-325-2016

ISBN 978-89-97779-67-3 03370